서울대 한국어+ Workbook

서울대학교 언어교육원 지음

장소원 | 이소영 | 김풀잎 | 이영환

6A

서울대학교출판문화원

머리말

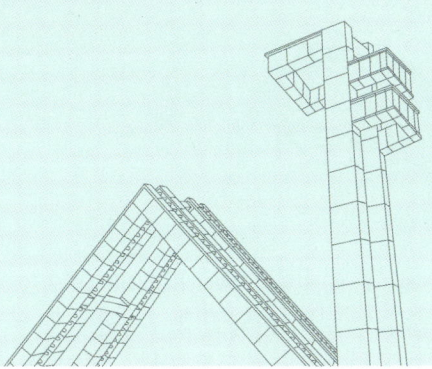

《서울대 한국어⁺ Workbook 6A》는 《서울대 한국어⁺ Student's Book 6A》의 부교재로, 주교재로 이루어지는 학습을 보완하기 위해 개발되었습니다. 어휘, 문법과 표현을 다양한 상황 속에서 연습해 보고 복습 단원을 통해 배운 내용을 종합적으로 정리해 볼 수 있도록 하였습니다.

어휘는 실생활에서 활용할 수 있도록 담화 상황을 고려해 문제를 구성하였고, 문법과 표현 연습 문제는 정확성과 유창성 향상에 초점을 맞췄습니다. 다양한 맥락에서 어휘, 문법과 표현의 정확한 의미를 익히고 학습자 스스로 유의미한 담화를 구성할 수 있도록 집필하였습니다.

또한 두 단원마다 복습 단원을 배치함으로써 학습 내용을 점검하고 정리할 수 있도록 하였습니다. 복습 단원은 어휘, 문법과 표현, 듣기, 읽기, 쓰기, 말하기 과제로 이루어져 있습니다. 어휘, 문법과 표현은 이미 학습한 어휘, 문법과 표현을 잘 익혔는지 확인할 수 있는 다양한 문제로 구성하였습니다. 듣기와 읽기는 주교재의 주제와 기능을 확장한 문제를 통해 학습자 스스로 이해 능력을 점검할 수 있도록 하였습니다. 쓰기는 주어진 주제로 완성된 글을 쓰는 활동으로 구성하였습니다. 마지막으로 말하기 과제를 통해 두 단원에서 학습한 주제, 언어, 기능 등을 바탕으로 학생들이 자유롭게 의사소통하면서 하나의 목표를 이루어 갈 수 있도록 하였습니다.

이 책이 나오기까지 정말 많은 분들의 수고가 있었습니다. 서울대학교 국어국문학과 장소원 교수님은 《서울대 한국어⁺》 1~6급 교재의 기획, 교재 개발을 위한 사전 연구와 집필, 출판에 이르는 전체적인 과정을 총괄해 주셨고, 6급 교재의 집필을 총괄한 이소영 교수님을 비롯해서 김풀잎, 이영환 선생님은 오랜 기간 원고 집필뿐 아니라 편집, 출판 작업을 꼼꼼하게 진행해 주셨습니다. 또한 6급 교재 전권의 감수를 맡아 주신 안경화 교수님, 최은규 교수님, 한재영 교수님, 워크북 내용을 검토해 주신 김민애 교수님, 성석제 선생님의 도움이 없었다면 지금과 같은 책의 완성도를 기대하기 어려웠음을 잘 알고 있습니다. 깊이 감사드립니다. 그리고 영어 번역을 맡아 주신 이소명 번역가님, 멋진 삽화 작업으로 빛나는 책을 만들어 주신 ㈜예성크리에이티브 분들께도 감사드립니다. 또 녹음을 담당해 주신 성우 이상운, 조경아 선생님과 2022년 가을 학기에 새 교재의 시범 단원으로 수업을 하신 후 소중한 의견을 주신 6급 정규반의 안효경, 정영미 선생님께도 진심으로 감사의 말씀을 드립니다. 마지막으로 학술 도서와 전혀 성격이 다른 한국어 교재의 출판을 결정하고 물심양면으로 지원해 주신 서울대학교출판문화원 이경묵 원장님과, 밤낮을 가리지 않고 고생을 감수하신 편집진분들께 깊이 감사드립니다.

2023년 12월
서울대학교 언어교육원 원장
장윤희

일러두기

《서울대 한국어+ Workbook 6A》는 《서울대 한국어+ Student's Book 6A》의 부교재로 1~8단원과 복습 1~4로 구성되었다. 각 단원은 두 개의 과로 구성되며 각 과는 '어휘' 연습, '문법과 표현' 연습으로 이루어져 있다. 복습은 '어휘, 문법과 표현, 듣기, 읽기, 쓰기, 말하기 과제'로 구성되어 있다.

각 단원에서 학습 목표로 삼는 '어휘'와 '문법과 표현'을 제시하여 학습할 내용을 파악할 수 있도록 하였다.

어휘

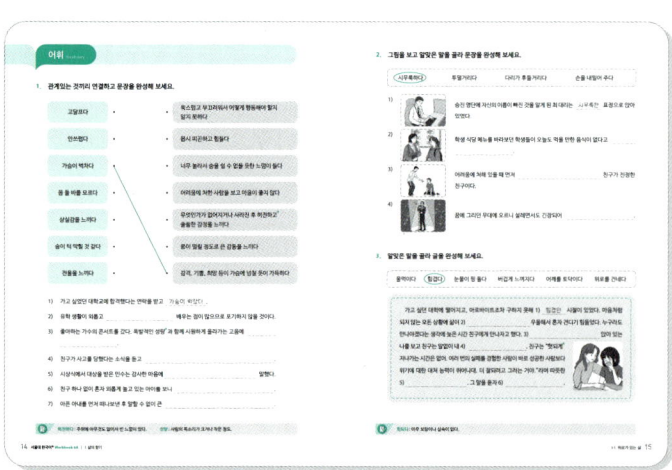

주제별로 선정된 목표 어휘를 사용할 수 있는 상황을 확인하고, 대화나 문장, 담화 안에서 어휘의 의미를 이해하고 연습할 수 있도록 하였다.

문법과 표현

문법과 표현의 의미와 사용 상황을 익힐 수 있도록 문장, 대화, 텍스트 단위에서 내용을 파악하고 완성하는 연습으로 구성하였다. 마지막 문제에서는 문법과 표현을 활용하여 학습자들이 스스로 짧은 담화를 생성할 수 있도록 하였다.

문장·대화 연습
제시어나 그림을 활용하여 문장이나 대화를 완성한다.

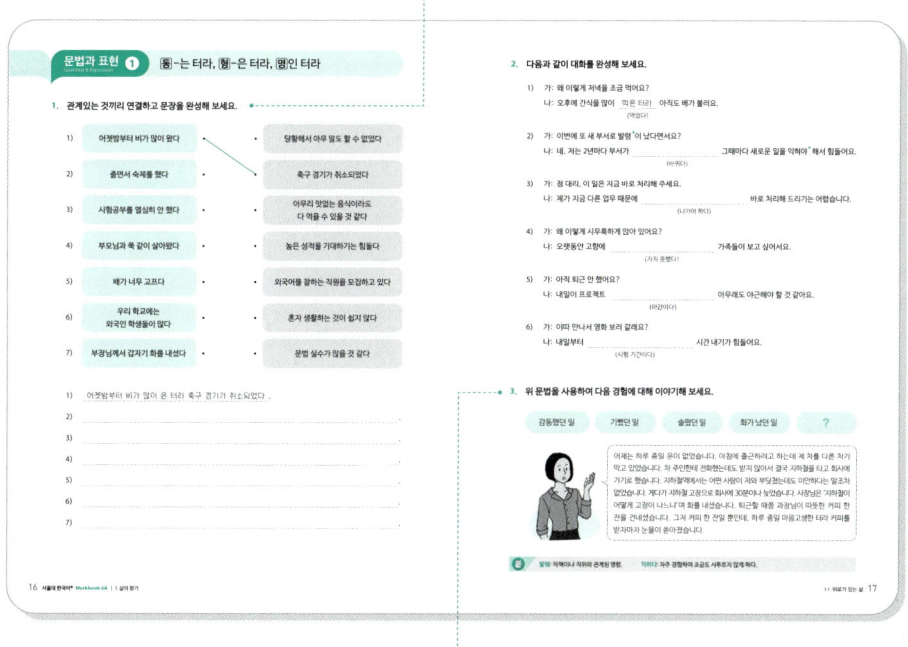

유의미한 연습
제시된 상황 또는 질문에 맞게 학습자 자신의 생각과 경험에 대해 이야기해 본다.

복습

두 단원마다 제시되는 복습에서는 각 단원에서 학습한 내용과 연계하여 어휘, 문법과 표현, 듣기, 읽기, 쓰기를 영역별로 복습하고 말하기 과제를 통해 학습자들이 배운 내용을 모두 활용하여 활발하게 의미 협상을 할 수 있도록 구성하였다.

어휘

목표 어휘 목록과 함께 문제를 제공하여 학습한 어휘를 재확인하고 연습할 수 있도록 하였다.

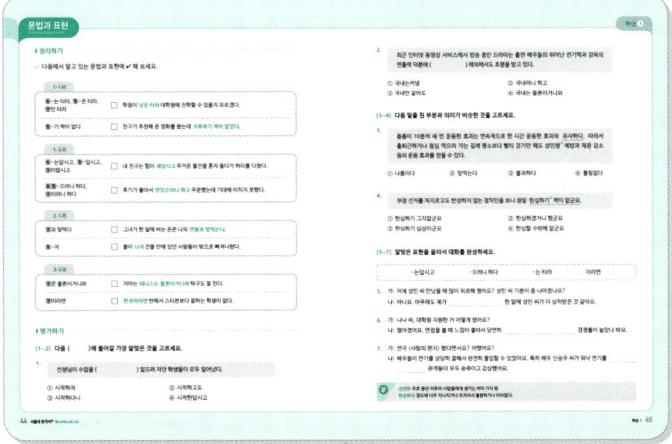

문법과 표현

문법과 표현의 각 항목을 예문과 함께 제시하여 학습 내용을 확인할 수 있도록 하였다. 또한 다양한 형태의 문제를 제공하여 각 항목의 의미와 용법을 재확인하고 연습할 수 있도록 하였다.

듣기

학습한 주제, 어휘, 문법과 표현과 관련된 다양한 내용의 듣기 자료를 문제와 함께 제공하여 학습자의 이해 능력과 듣기 유창성을 향상시키고자 하였다.

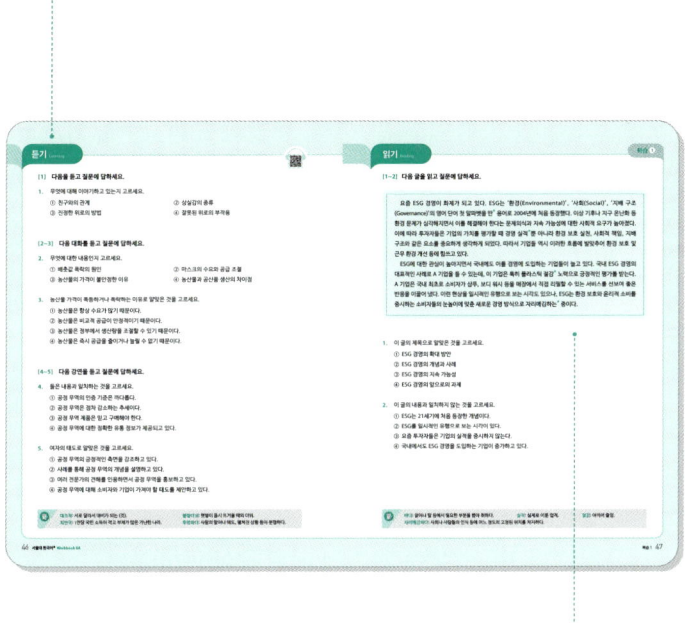

읽기

학습한 주제, 어휘, 문법과 표현과 관련된 다양한 내용의 읽기 자료를 문제와 함께 제공하여 학습자의 이해 능력과 읽기 유창성을 향상시키고자 하였다.

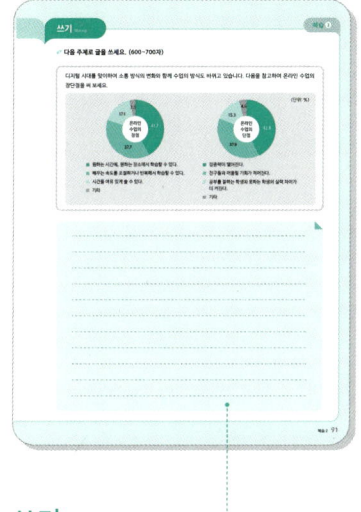

쓰기

정확성과 유창성을 기를 수 있도록 600자 이상 글쓰기 연습으로 구성하였다.

말하기 과제

학습한 주제, 언어, 기능 등을 바탕으로 학습자들이 자유롭게 의사소통하면서 하나의 목표를 이루어 가는 활동으로 구성하였다.

부록

'듣기 지문'과 '모범 답안'으로 구성된다.

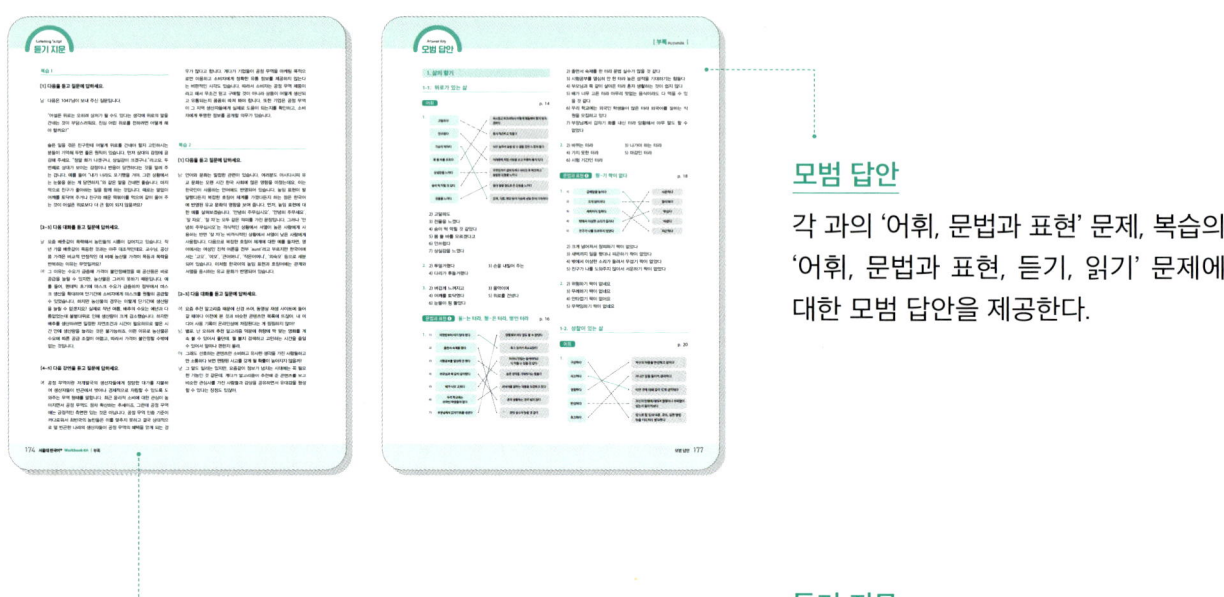

모범 답안
각 과의 '어휘, 문법과 표현' 문제, 복습의 '어휘, 문법과 표현, 듣기, 읽기' 문제에 대한 모범 답안을 제공한다.

듣기 지문
복습 듣기의 지문을 제공한다.

차례

		머리말	• 3
		일러두기	• 4
		교재 구성표	• 10

6A

1단원	삶의 향기	1-1. 위로가 있는 삶	• 14
		1-2. 성찰이 있는 삶	• 20
2단원	경제와 경영	2-1. 물가와 환율	• 28
		2-2. 윤리 경영	• 34

복습 1 • 40

3단원	한국의 언어	3-1. 한국어의 이해	• 56
		3-2. 한국의 문자	• 62
4단원	소통과 언론	4-1. 디지털 시대의 소통	• 70
		4-2. 언론의 변화	• 76

복습 2 • 82

5단원	예술과 삶	5-1. 우리 삶 속의 예술	• 96
		5-2. 삶의 공간과 흔적	• 102
6단원	지역의 문화와 방언	6-1. 한국의 지역 문화	• 110
		6-2. 한국어의 다양한 모습	• 116

복습 3 • 122

7단원	심리학의 이해	7-1. 마음의 이해	• 136
		7-2. 집단 속의 자아	• 142
8단원	한국의 경제 성장과 민주화	8-1. 한강의 기적	• 150
		8-2. 한국의 민주화 과정	• 156

복습 4 • 162

부록		
듣기 지문		• 174
모범 답안		• 177

교재 구성표

단원 제목		어휘	문법과 표현
1. 삶의 향기	1-1. 위로가 있는 삶	• 감정과 느낌 • 행동과 태도	• 동-는 터라, 형-은 터라, 명인 터라 • 형-기 짝이 없다
	1-2. 성찰이 있는 삶	• 생각과 사고 • 행동과 태도	• 동-는답시고, 형-답시고, 명이랍시고 • 동형-으려니 하다, 명이려니 하다
2. 경제와 경영	2-1. 물가와 환율	• 물가 • 환율	• 명과 맞먹다 • 동-자
	2-2. 윤리 경영	• 공정 무역 • 마케팅	• 명은 물론이거니와 • 명이라면
복습 1			
3. 한국의 언어	3-1. 한국어의 이해	• 문법 용어 • 한국어의 특징	• 동-기 일쑤(이)다 • 동-는다든지 동-는다든지 하다, 형-다든지 형-다든지 하다
	3-2. 한국의 문자	• 문자의 유형 • 한글의 창제 원리와 특성	• 명으로 보다 • 동-자면
4. 소통과 언론	4-1. 디지털 시대의 소통	• 소통 방식 • 미디어 이용	• 명을 불문하고 • 동-는 게 고작이다
	4-2. 언론의 변화	• 언론과 미디어 • 맞춤형 정보	• 동-기에는 • 동-은 후에야 (비로소)
복습 2			

단원 제목		어휘	문법과 표현
5. 예술과 삶	5-1. 우리 삶 속의 예술	• 예술의 기능 • 공공 예술	• 명을 명으로 삼다 • 형-으면서(도)
	5-2. 삶의 공간과 흔적	• 묘사 • 인상	• 형-기(가) 이를 데 없다 • 동형-으리라
6. 지역의 문화와 방언	6-1. 한국의 지역 문화	• 지역 문화 • 지형	• 동형-을지언정 • 동-는지라, 형-은지라, 명인지라
	6-2. 한국어의 다양한 모습	• 지역 방언	• 동-는 까닭에, 형-은 까닭에, 명인 까닭에 • 명에서 비롯되다
복습 3			
7. 심리학의 이해	7-1. 마음의 이해	• 심리학 • 인간의 행동	• 명은 고사하고 • 동-으려다가도
	7-2. 집단 속의 자아	• 과학적 실험 연구 과정 • 인간의 행동	• 동형-을지라도, 명일지라도 • 동-느냐에 달려 있다, 형-으냐에 달려 있다, 명에 달려 있다
8. 한국의 경제 성장과 민주화	8-1. 한강의 기적	• 무역 • 산업 • 경제 상황	• 동-는 통에, 명 통에 • 동형-을망정
	8-2. 한국의 민주화 과정	• 정치 제도 • 민주화 과정	• 동-는 한편 • 동-는 한이 있어도
복습 4			

1 삶의 향기

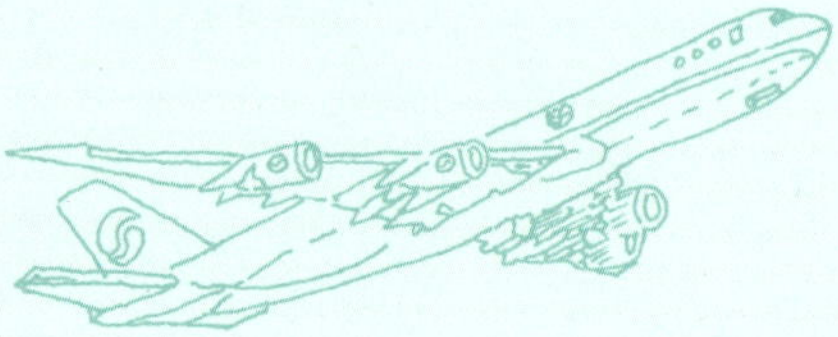

1-1 위로가 있는 삶

1-2 성찰이 있는 삶

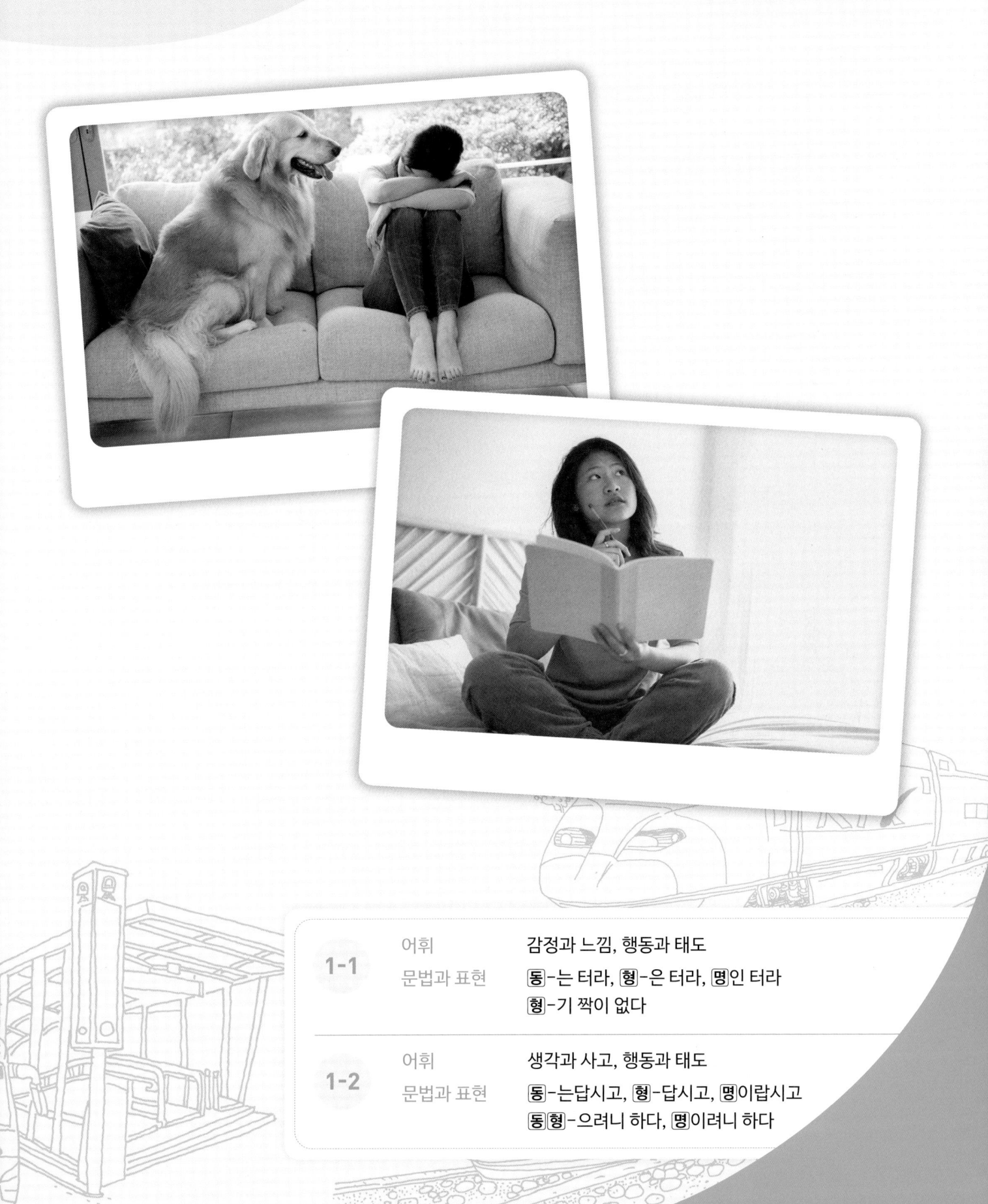

1-1	어휘	감정과 느낌, 행동과 태도
	문법과 표현	동-는 터라, 형-은 터라, 명인 터라 형-기 짝이 없다
1-2	어휘	생각과 사고, 행동과 태도
	문법과 표현	동-는답시고, 형-답시고, 명이랍시고 동형-으려니 하다, 명이려니 하다

어휘 Vocabulary

1. 관계있는 것끼리 연결하고 문장을 완성해 보세요.

고달프다	쑥스럽고 부끄러워서 어떻게 행동해야 할지 알지 못하다
안쓰럽다	몹시 피곤하고 힘들다
가슴이 벅차다	너무 놀라서 숨을 쉴 수 없을 듯한 느낌이 들다
몸 둘 바를 모르다	어려움에 처한 사람을 보고 마음이 좋지 않다
상실감을 느끼다	무엇인가가 없어지거나 사라진 후 허전하고* 쓸쓸한 감정을 느끼다
숨이 턱 막힐 것 같다	몸이 떨릴 정도로 큰 감동을 느끼다
전율을 느끼다	감격, 기쁨, 희망 등이 가슴에 넘칠 듯이 가득하다

1) 가고 싶었던 대학교에 합격했다는 연락을 받고 __가슴이 벅찼다__.

2) 유학 생활이 외롭고 _____ 배우는 점이 많으므로 포기하지 않을 것이다.

3) 좋아하는 가수의 콘서트를 갔다. 폭발적인 성량*과 함께 시원하게 올라가는 고음에 _____ .

4) 친구가 사고를 당했다는 소식을 듣고 _____ .

5) 시상식에서 대상을 받은 민수는 감사한 마음에 _____ 말했다.

6) 친구 하나 없이 혼자 외롭게 놀고 있는 아이를 보니 _____ .

7) 아픈 아내를 먼저 떠나보낸 후 말할 수 없이 큰 _____ .

허전하다: 주위에 아무것도 없어서 빈 느낌이 있다.   **성량**: 사람의 목소리가 크거나 작은 정도.

2. 그림을 보고 알맞은 말을 골라 문장을 완성해 보세요.

> 시무룩하다   투덜거리다   다리가 후들거리다   손을 내밀어 주다

1) 승진 명단에 자신의 이름이 빠진 것을 알게 된 최 대리는 ___시무룩한___ 표정으로 앉아 있었다.

2) 학생 식당 메뉴를 바라보던 학생들이 오늘도 먹을 만한 음식이 없다고 _____.

3) 어려움에 처해 있을 때 먼저 _____ 친구가 진정한 친구이다.

4) 꿈에 그리던 무대에 오르니 설레면서도 긴장되어 _____.

3. 알맞은 말을 골라 글을 완성해 보세요.

> 울먹이다 힘겹다 눈물이 핑 돌다 버겁게 느껴지다 어깨를 토닥이다 위로를 건네다

가고 싶던 대학에 떨어지고, 아르바이트조차 구하지 못해 1) ___힘겹던___ 시절이 있었다. 마음처럼 되지 않는 모든 상황에 삶이 2) _____ 우울해서 혼자 견디기 힘들었다. 누구라도 만나야겠다는 생각에 늦은 시간 친구에게 만나자고 했다. 3) _____ 앉아 있는 나를 보고 친구는 말없이 내 4) _____. 친구는 "헛되게* 지나가는 시간은 없어. 여러 번의 실패를 경험한 사람이 바로 성공한 사람보다 위기에 대한 대처 능력이 뛰어나대. 더 잘되려고 그러는 거야."라며 따뜻한 5) _____. 그 말을 듣자 6) _____.

헛되다: 아무 보람이나 실속이 없다.

문법과 표현 1  동-는 터라, 형-은 터라, 명인 터라

1. 관계있는 것끼리 연결하고 문장을 완성해 보세요.

1) 어젯밤부터 비가 많이 왔다	당황해서 아무 말도 할 수 없었다
2) 졸면서 숙제를 했다	축구 경기가 취소되었다
3) 시험공부를 열심히 안 했다	아무리 맛없는 음식이라도 다 먹을 수 있을 것 같다
4) 부모님과 쭉 같이 살아왔다	높은 성적을 기대하기는 힘들다
5) 배가 너무 고프다	외국어를 잘하는 직원을 모집하고 있다
6) 우리 학교에는 외국인 학생들이 많다	혼자 생활하는 것이 쉽지 않다
7) 부장님께서 갑자기 화를 내셨다	문법 실수가 많을 것 같다

1) 어젯밤부터 비가 많이 온 터라 축구 경기가 취소되었다.
2) _____.
3) _____.
4) _____.
5) _____.
6) _____.
7) _____.

2. 다음과 같이 대화를 완성해 보세요.

1) 가: 왜 이렇게 저녁을 조금 먹어요?
   나: 오후에 간식을 많이 먹은 터라 아직도 배가 불러요.
                         (먹었다)

2) 가: 이번에 또 새 부서로 발령*이 났다면서요?
   나: 네. 저는 2년마다 부서가 _____ 그때마다 새로운 일을 익혀야* 해서 힘들어요.
                              (바뀌다)

3) 가: 정 대리, 이 일은 지금 바로 처리해 주세요.
   나: 제가 지금 다른 업무 때문에 _____ 바로 처리해 드리기는 어렵습니다.
                                  (나가야 하다)

4) 가: 왜 이렇게 시무룩하게 앉아 있어요?
   나: 오랫동안 고향에 _____ 가족들이 보고 싶어서요.
                       (가지 못했다)

5) 가: 아직 퇴근 안 했어요?
   나: 내일이 프로젝트 _____ 아무래도 야근해야 할 것 같아요.
                       (마감이다)

6) 가: 이따 만나서 영화 보러 갈래요?
   나: 내일부터 _____ 시간 내기가 힘들어요.
                (시험 기간이다)

3. 위 문법을 사용하여 다음 경험에 대해 이야기해 보세요.

[감동했던 일] [기뻤던 일] [슬펐던 일] [화가 났던 일] [?]

어제는 하루 종일 운이 없었습니다. 아침에 출근하려고 하는데 제 차를 다른 차가 막고 있었습니다. 차 주인한테 전화했는데도 받지 않아서 결국 지하철을 타고 회사에 가기로 했습니다. 지하철역에서는 어떤 사람이 저와 부딪쳤는데도 미안하다는 말조차 없었습니다. 게다가 지하철 고장으로 회사에 30분이나 늦었습니다. 사장님은 '지하철이 어떻게 고장이 나느냐'며 화를 내셨습니다. 퇴근할 때쯤 과장님이 따뜻한 커피 한 잔을 건네셨습니다. 그저 커피 한 잔일 뿐인데, 하루 종일 마음고생한 터라 커피를 받자마자 눈물이 쏟아졌습니다.

발령: 직책이나 직위와 관계된 명령.   **익히다**: 자주 경험하여 조금도 서투르지 않게 하다.

문법과 표현 ② 형-기 짝이 없다

1. 관계있는 것끼리 연결하고 문장을 완성해 보세요.

1) 금메달을 놓치다 • • 서운하다
2) 크게 넘어지다 • • 창피하다
3) 새벽까지 일하다 • • 무섭다
4) 밖에서 이상한 소리가 들리다 • • 아쉽다
5) 친구가 나를 도와주지 않았다 • • 피곤하다

1) 열심히 노력했지만 1점 차이로 <u>금메달을 놓쳐서 아쉽기 짝이 없었다</u>.
2) 좋아하는 사람 앞에서 _____.
3) 어제 잠을 못 자고 _____.
4) 밤늦게 혼자 집에 있는데 _____.
5) 내가 힘들 때 _____.

2. 신문 기사의 제목을 보고 댓글을 완성해 보세요.

1) **선민호 감독의 새 영화, 관객들은 혹평***
스토리 전개가 뻔해서 지루하다는 의견 이어져
↳ 좋아하는 감독의 영화라 기대하고 봤는데 <u>지루하기 짝이 없었어요</u>.

2) **고혈압 환자, 과음으로 응급실행 늘어**
알코올 때문에 혈압이 급격히 상승해 위험
↳ 고혈압 환자가 술을 많이 마시다니 _____.

혹평: 심하게 비평함.

3)
연예인 A 씨, 스태프에게 욕설* 퍼부어
많은 사람이 지켜보는 곳에서 무례하게* 행동해 물의 빚어*

↳ 연예인이라고 다른 사람에게 함부로 대하다니, 그 연예인 좋게 봤는데 _____.

4)
테니스 선수 김건호, 올림픽 은메달 획득
상대 선수에게 안타깝게 4:3으로 져

↳ 저도 많이 응원했는데 져서 _____.

5)
허위 광고로 제품 팔고 사과 한마디 없어…. 허위 광고 제재 필요
소비자 피해에도 나 몰라라 하는* 회사의 무책임한 행동에 비난의 목소리 높아

↳ 허위 광고에 대해 책임도 지지 않고 사과도 한마디 없다니 _____.

3. 위 문법을 사용하여 다음 어휘와 관련된 경험을 이야기해 보세요.

| 위험하다 | 답답하다 | 불안하다 | 불쾌하다 |
| 불편하다 | 안쓰럽다 | 얄밉다 | 황당하다 |

저는 몇 년 전에 산에서 사고를 당한 적이 있습니다. 그때는 산이 무서운 줄 모르고 등산화도 안 신고 아무런 장비 없이 혼자 올라갔습니다. 지금 생각하면 위험하기 짝이 없는 행동이었죠. 결국 발을 헛디뎌* 산에서 굴렀지만, 다행히 무사히 구조될 수 있었습니다.

욕설: 남을 무시하는 모욕적인 말.   **무례하다**: 태도나 말에 예의가 없다.
물의를 빚다: 세상 사람들의 비판을 받을 만한 일을 저지르다.
나 몰라라 하다: 어떤 일에 무관심한 태도로 상관하지 않고 간섭하지도 않다.   **헛디디다**: 발을 잘못 디디다.

어휘 Vocabulary

1. 관계있는 것끼리 연결하고 문장을 완성해 보세요.

구상하다 •	• 자신의 마음을 반성하고 살피다
사고하다 •	• 지나간 일을 돌이켜 생각하다
성찰하다 •	• 어떤 것에 대해 깊이 있게 생각하다
반성하다 •	• 자신의 언행에 대하여 잘못이나 부족함이 없는지 돌이켜 보다
회고하다 •	• 앞으로 할 일의 내용, 규모, 실현 방법 등을 이리저리 생각하다

1) 나는 매사에 긍정적으로 <u>사고하고</u>, 스트레스를 받지 않으려 노력하기 때문에 항상 행복하다.

2) 우리 회사의 신제품을 효과적으로 알릴 수 있는 마케팅 방법을 _____ 중이다.

3) 음주 운전 사고로 물의를 빚은 배우 S 씨는 자신이 저지른 잘못을 깊이 _____ 있다고 밝혔다.

4) 리아는 사업가로 성공한 후, 어린 시절부터 지금까지의 삶 전반을 _____ 자서전을 쓰기로 마음먹었다.

5) 책《느림, 비움의 시간》은 앞만 보고 달리느라 몸과 마음이 지친 우리에게 잠깐 멈춰서 스스로에 대해 깊이 _____ 수 있는 시간을 선물한다.

2. 알맞은 말을 골라 대화를 완성해 보세요.

> 경고하다　　꺼리다　　비웃다　　쌀쌀맞다
> ~~깨달음을 주다~~　　오기를 부리다　　웃음을 띠다

1) 가: 이미원 작가님 알아요? 저 요즘 그분 책에 빠져 있어요.
   나: 네. 물론이지요. 인생의 __깨달음을 주는__ 수필을 많이 쓰신 분이시잖아요.

2) 가: 왜 친구하고 싸웠어? 사이좋게 지내야지.
   나: 제가 실수한 것을 보고 먼저 _____ 건 그 친구예요. 저는 잘못이 없어요.

3) 가: 나나 씨는 다른 사람들 앞에서 발표하는 걸 싫어하나 봐요.
   나: 발표하다가 망신을 당한* 적이 있어서 그 뒤로는 앞에 나가서 말하기를 _____ 되었대요.

4) 가: 저 선수들 좀 봐. _____ 채 여유로운 표정을 짓고 있네.
   나: 얼굴 가득 밝은 기운이 느껴져. 긴장하는 모습보다 오히려 보기 좋은 것 같아.

5) 가: 어제까지 다정하던 여자 친구가 저를 차갑게 대해요.
   나: 갑자기 _____ 대하는 데는 어떤 이유가 있지 않을까요?

6) 가: 지난 6일 A시에서 건물 붕괴 사고가 발생했대요.
   나: 공사 기간에 많은 전문가들이 부실* 공사의 위험성을 _____ 그걸 무시한 결과죠.

7) 가: 영민이는 능력도 안 되면서 자기 혼자 프로젝트를 진행하겠대요.
   나: 그래요? 그렇게 _____ 해서 할 수 있는 일이 아닐 텐데요.

망신을 당하다: 말이나 행동을 잘못해서 남에게 부끄러운 모습을 보이다.　　**부실**: 내용이 실속이 없고 충분하지 못함.

문법과 표현 ③ 동-는답시고, 형-답시고, 명이랍시고

1. 알맞은 말을 골라 대화를 완성해 보세요.

> 바쁘다   숙제하다   준비하다
> 팬이다   아이돌이 되다   (큰돈을 벌다)

1) 가: 선우가 요즘 기분이 많이 안 좋아 보여.
   나: <u>큰돈을 번답시고</u> 투자를 했다가 돈을 다 잃었대.

2) 가: 엄마, 솔이 숙제 다 했대요?
   나: 글쎄. 아까부터 _____ 컴퓨터 앞에 앉아 있는데 게임만 하는 것 같아.

3) 가: 윗집이 왜 이렇게 시끄러워요?
   나: 윗집 딸이 _____ 집에서 밤낮 춤을 춰. 대체 지금 시간이 몇 시인데 춤을 추는 건지….

4) 가: 아드님이 집에 자주 들러요?
   나: 들르기는커녕 회사 일 때문에 _____ 전화도 안 해.

5) 가: _____ 스타를 따라다니며 사생활을 침해하는 사람들이 있대요.
   나: 스타에게 관심을 가질 수는 있지만 사생활을 존중하지 않는 건 문제예요.

6) 가: 채아 씨, 뭘 이렇게 많이 만들었어요?
   나: _____ 했는데 맛이 있으려나 모르겠어요.

2. 그림을 보고 대화를 완성해 보세요.

1)

가: 지우는 다이어트에 성공했어?
나: 아니. <u>다이어트를 한답시고</u> 며칠 동안 아무것도 안 먹더니 갑자기 폭식하기* 시작했어.

2)

가: 주영이는 오늘도 결석이네.
나: 환경 보호를 위해 _____ 난방 기구를 틀지 않더니 감기에 걸렸어.

3)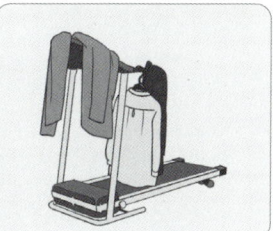

가: 이 운동 기구 못 보던 건데, 새로 샀어?
나: 응. 동생이 _____ 비싼 돈을 주고 사더니, 3일 만에 포기하더라고.

4)

가: 박스가 왜 이렇게 많아?
나: 지난주에 온라인 쇼핑몰에서 물건을 많이 사서 그래. _____ 한꺼번에 이것저것 샀더니 돈을 더 많이 썼어.

3. 위 문법을 사용하여 주변 사람들의 행동 중 마음에 들지 않았던 것에 대해 이야기해 보세요.

친구가 생활비를 번답시고 매일 밤 아르바이트를 했어요. 게다가 돈을 절약한답시고 라면만 먹더라고요. 그러다가 몸이 많이 안 좋아져서 병원에 입원하게 됐고 결국 병원비가 더 들었어요.

폭식하다: 음식을 한꺼번에 너무 많이 먹다.

문법과 표현 ④ 동/형-으려니 하다, 명이려니 하다

1. 관계있는 것끼리 연결하고 문장을 완성해 보세요.

1) '오늘은 날씨가 춥겠지'	• 아무리 기다려도 전화가 오지 않았다
2) '친구가 도와주겠지'	• 빈손으로 와서 실망했다
3) '평일에는 사람이 없겠지'	• 시간이 없다며 거절했다
4) '내 생일 선물을 사 오겠지'	• 놀이공원이 놀러 온 사람들로 북적였다
5) '지민이가 먼저 전화를 하겠지'	• 하나도 춥지 않았다
6) '파티에 손님이 많이 오겠지'	• 세 명밖에 오지 않았다
7) '그냥 감기겠지'	• 병원에 갔더니 폐렴이라고 해서 입원하게 됐다

1) 오늘은 날씨가 추우려니 했는데 하나도 춥지 않았다 .

2) _____ .

3) _____ .

4) _____ .

5) _____ .

6) _____ .

7) _____ .

2. 알맞은 말을 골라 글을 완성해 보세요.

    갚다   괜찮다   (바쁘다)   못 받다

[Q&A 코너]   직장 생활에 고민이 있나요?
사회생활의 달인* 꽃비 언니가 대답해 줄게요!

Q: 저는 팀장을 맡고 있는데 팀 프로젝트를 하는 중에 팀원 한 명이 자기가 맡은 일을 안 해 왔어요. 뭐라고 한마디 하고 싶은데 해도 괜찮을까요?

A: 그런 일이 처음이라면 요즘 1) <u>바쁘려니</u> 하고 한 번은 참아 주는 게 어때요?

↳ Q: 그럼 같은 행동이 반복되면 어떻게 할까요?

A: 그럴 경우 일단 팀원에게 요즘 무슨 일이 있는지 물어보세요. 그리고 나 하나쯤은 안 해도 2) _____ 맡은 일을 안 하면 팀 전체가 무너질 수 있다고 이야기해 주세요.

Q: 요즘 직장 동료가 계속 저한테 돈을 빌려 달라고 해서 고민이에요. 어떻게 하면 좋을까요?

A: 돈거래는 처음부터 하지 않는 것이 좋아요. 여유가 없다고 거절하세요. 만약 어쩔 수 없는 사정이 있다면 3) _____ 그냥 주면 됩니다. 빌려주고 돌려 달라고 하기가 쉽지 않거든요. 빌려준 사람은 돈을 빌려 간 사람이 시간이 지나면 4) _____ 기다리지만, 돌려 달라고 말하기는 쉽지 않아요. 따라서 가능하면 안 빌려주는 것이 좋고, 만약 빌려줄 거라면 그 후에는 아예 잊어버리는 것이 좋아요.

3. 위 문법을 사용하여 여러분의 예상과 달라서 곤란했던 경험을 이야기해 보세요.

러시아로 여행을 간 적이 있어요. 제 고향보다 훨씬 북쪽에 있는 나라여서 추우려니 하고 두꺼운 옷을 많이 챙겼는데 막상 가 보니 그렇게 춥지 않고 시원한 정도였어요. 짐을 쌀 때도 옷이 가방에 다 안 들어가서 힘들었고, 여행하는 내내 짐이 무거워서 곤란했던 기억이 있어요.

달인: 어떤 분야에서 뛰어난 역량을 가진 사람.

2

경제와 경영

- **2-1** 물가와 환율
- **2-2** 윤리 경영

2-1	어휘	물가, 환율
	문법과 표현	명과 맞먹다
		동-자
2-2	어휘	공정 무역, 마케팅
	문법과 표현	명은 물론이거니와
		명이라면

어휘 Vocabulary

1. 알맞은 말을 골라 문장을 완성해 보세요.

> 달러가 강세를 보이다   물가가 안정되다   상승세를 보이다
> 수요가 증가하다   (원화 가치가 상승하다)   하락세를 보이다

1) 케이 팝의 인기로 한국을 찾는 관광객이 많아졌다. 따라서 자국의 통화를 원화로 바꾸는 사람들이 많아져 <u>원화 가치가 상승했다</u>.

2) 정부는 _____ 발표했지만 소비자들이 느끼는 체감 물가는 여전히 높은 것으로 나타났다.

3) 서울의 아파트값이 지난주 대비 0.3% 떨어지며 17주째 _____ 있다.

4) 미국 통화인 _____ 미국을 여행하는 사람들의 경비* 부담이 커질 것으로 예상된다.

5) 독감이 유행하면서 마스크를 쓰는 사람들이 많아졌다. 작년보다 마스크의 _____ 마스크 제조 회사들이 생산량을 늘리지 않아 가격이 오르고 있다.

6) 대통령 후보인 A 씨가 형편이 어려운 학생들에게 장학금을 지원해 온 사실이 알려지면서 국민들의 지지율*이 _____ 있다.

경비: 어떤 일을 하는 데 드는 비용.   **지지율**: 선거 등에서 유권자들이 특정 후보를 지지하는 비율.

2. 알맞은 말을 골라 대화를 완성해 보세요.

> 공급이 급감하다   (내림세를 보이다)   물가가 폭등하다   수요가 감소하다

가: 몇 년째 지속적으로 1) 내림세를 보이는 쌀값이 올해는 더 큰 폭으로 떨어졌다고 하는데요. 농민들을 위한 대책이 시급해 보입니다.

나: 맞습니다. 쌀의 생산 비용은 매년 오르고 있는데 2) _____ 가격은 계속 내리고 있습니다. 이렇게 어려운 여건 때문에 농사를 포기하는 농민도 늘고 있다고 하는데요, 쌀값 안정을 위해서는 무엇보다 정부의 적극적인 개입이 필요하다고 생각합니다.

다: 최근 밥상 물가가 무섭게 오르고 있다고 하지요? 현장에 나가 있는 취재 기자 연결해 보겠습니다. 김민수 기자.

라: 네. 요즘 3) _____ 소비자들이 지갑을 쉽게 열지 못하고 있습니다. 특히 과일 가격이 많이 올랐습니다.

다: 과일 가격이 많이 오른 이유는 무엇입니까?

라: 올해 태풍으로 인해 과일 농사가 잘되지 않아 4) _____ 탓입니다.

3. 알맞은 말을 골라 글을 완성해 보세요.

> (현지 통화)   환전하다   환율이 상승하다   환율이 하락하다

해외여행 꿀팁

해외여행을 할 때는 그 나라에서 사용하는 1)  가 필요하기 마련이다. 상황에 따라 어떤 결제 수단을 사용하면 좋은지 알아보자.

① **현금 사용** 환율이 오르고 있는 상황에서 유리하다. 2) _____ 것은 해당 통화가 계속 비싸진다는 것이므로, 외국에 가기 전에 미리 은행에 가서 3) _____ 것이 좋다. 즉 환율이 더 오르기 전에 사 두는 것이다.

② **신용카드 사용** 현금과 반대로 4) _____ 있는 상황에서 유리하다. 신용카드 사용 금액은 사용하고 일정 시간이 지난 후에 지불하는 것이 일반적인데, 하락기에는 늦게 지불할수록 원화 결제 금액이 줄어들기 때문이다.

③ **현지에서 환전** 대부분의 국가에서 미국 달러가 통용되므로*, 한국에서 구하기 어려운 통화의 경우 미국 달러를 가지고 가서 현지에서 바꾸는 것이 유리하다.

 통용되다: 서로 넘나들어 널리 쓰이다.

문법과 표현 1 명과 맞먹다

1. 다음과 같이 대화를 완성해 보세요.

1)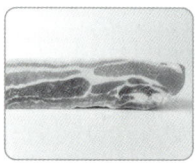
삼겹살(600g) 20,000원 / 소고기(600g) 22,000원

가: 삼겹살 가격이 급등했다면서요?
나: 네. 휴가철을 앞두고 삼겹살의 수요가 늘면서 삼겹살값이 <u>소고깃값과 맞먹을 정도로</u> 비싸졌습니다.

2)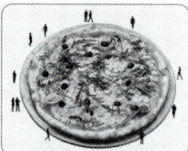
피자 약 1,299m² / 마트 약 1,300m²

가: 세계에서 가장 큰 피자가 만들어졌다면서요?
나: 네. 그렇습니다. 이 피자의 크기는 _____ 정도입니다.

3)
부르즈 할리파 828m / 북한산 836m

가: 세계에서 가장 높은 건물은 무엇입니까?
나: 아랍 에미리트에 있는 부르즈 할리파라는 건물입니다. 이 건물의 높이는 서울에서 제일 높은 산인 _____ 정도입니다.

4)
명품 가방 30,000,000원 / 신입 사원 평균 연봉 32,000,000원

가: 명품 가방의 인기는 어떻습니까?
나: 지금 보시는 이 가방의 가격은 _____ 한 달을 기다려야 살 수 있을 정도로 큰 인기를 끌고 있습니다.

5)
햄버거 900kcal / 밥 세 공기 930kcal

가: 햄버거의 열량이 얼마나 되는지 아세요?
나: 네. 햄버거 한 개의 열량은 보통 _____ 들었어요.

2. 신문 기사의 제목을 보고 뉴스를 완성해 보세요.

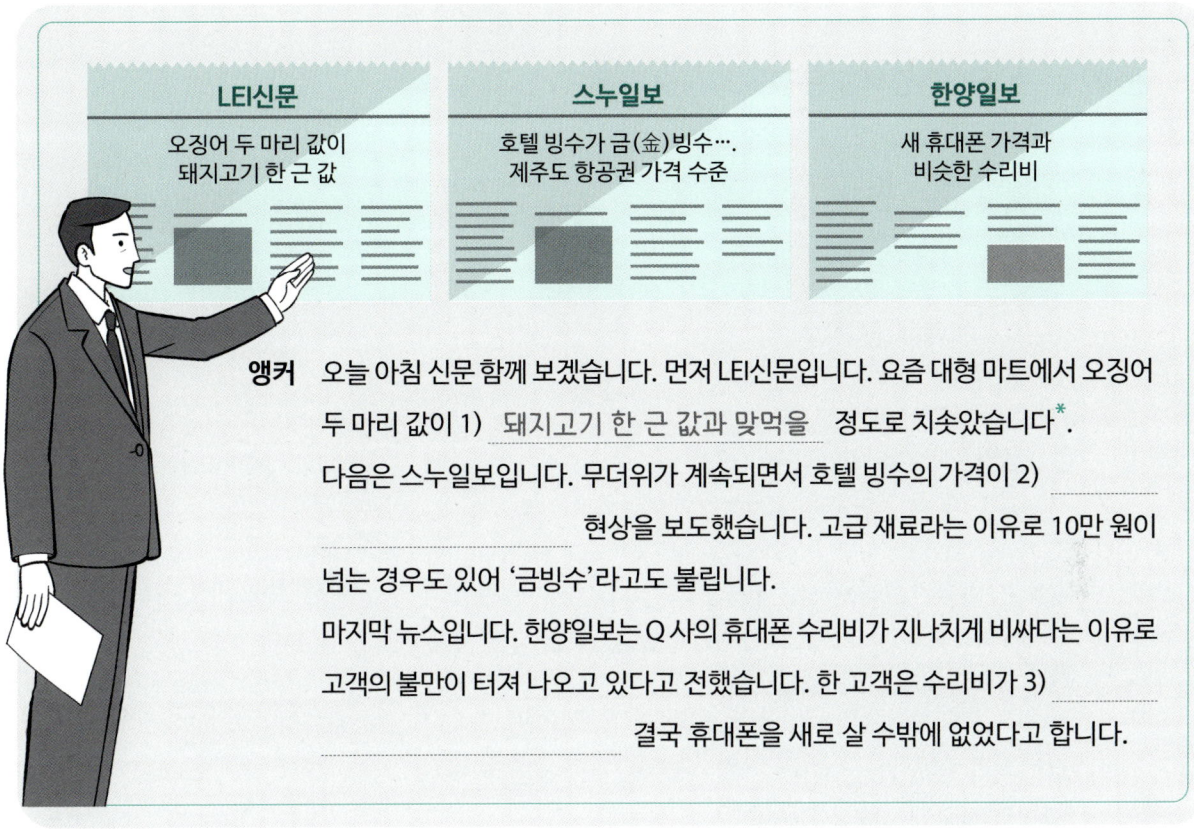

LTI신문 오징어 두 마리 값이 돼지고기 한 근 값

스누일보 호텔 빙수가 금(金)빙수…. 제주도 항공권 가격 수준

한양일보 새 휴대폰 가격과 비슷한 수리비

앵커 오늘 아침 신문 함께 보겠습니다. 먼저 LTI신문입니다. 요즘 대형 마트에서 오징어 두 마리 값이 1) <u>돼지고기 한 근 값과 맞먹을</u> 정도로 치솟았습니다*.
다음은 스누일보입니다. 무더위가 계속되면서 호텔 빙수의 가격이 2) _____ 현상을 보도했습니다. 고급 재료라는 이유로 10만 원이 넘는 경우도 있어 '금빙수'라고도 불립니다.
마지막 뉴스입니다. 한양일보는 Q 사의 휴대폰 수리비가 지나치게 비싸다는 이유로 고객의 불만이 터져 나오고 있다고 전했습니다. 한 고객은 수리비가 3) _____ 결국 휴대폰을 새로 살 수밖에 없었다고 합니다.

3. 위 문법을 사용하여 세계에서 가장 _____ 것에 대해 이야기해 보세요.

보기 세계에서 가장 <u>큰</u> 머그컵, 세계에서 가장 <u>작은</u> 나라….

얼마 전 세계에서 가장 큰 머그컵이 만들어졌다고 해요. 높이는 아파트 1층 높이와 맞먹을 정도로 높고 컵 밑면의 넓이는 교실 하나의 면적과 맞먹을 정도로 넓대요. 그런 컵을 왜 만들었을까요?

치솟다: (값이) 갑자기 많이 오르다.

문법과 표현 2 동-자

1. 관계있는 것끼리 연결하고 문장을 완성해 보세요.

1) 비가 그치다 — 아이들이 놀이터로 나와 뛰어놀다
2) 환율이 내리다 — 해외여행을 가는 사람이 늘어나다
3) 생필품 가격이 인상되다 — 서민들의 부담이 커지다
4) 폭염이 시작되다 — 기상청은 시민들에게 야외 활동을 자제할 것을 당부하다*
5) 대중교통 환승 할인* 제도가 도입되다 — 버스를 이용하는 사람들이 많아지다
6) 공정 무역에 대한 다큐멘터리가 방송되다 — 착한 소비에 관심을 가지는 사람이 많아지다

1) 비가 그치자 아이들이 놀이터로 나와 뛰어놀았다.

2) _____.

3) _____.

4) _____.

5) _____.

6) _____.

당부하다: 말로 단단히 부탁하다.   **환승 할인**: 다른 노선이나 교통수단으로 갈아타는 사람에게 요금을 깎아 주는 일.

2. 다음과 같이 대화를 완성해 보세요.

1)

가: 다음은 L타홀에 나가 있는 김지후 기자가 피아니스트 김진 씨의 공연 소식을 전하겠습니다.
나: 정말 환상적인 연주였습니다. 김진 씨의 <u>연주가 끝나자</u> 관객들이 모두 기립 박수*를 치기 시작했습니다.

2)

가: 전국의 낮 기온이 영상 10도 안팎까지 올랐습니다. 이지혜 리포터가 소식 전합니다.
나: 네. 오늘은 서울 낮 기온이 12도를 기록해 봄이 한층* 가까워진 듯한 하루였습니다. _____ 시민들은 공원에 나와 산책을 즐기는 등 활기찬 모습을 보였습니다.

3)

가: 정부가 자영업자에게 제공되는 혜택을 줄였다는 소식입니다. 최지훈 기자가 보도합니다.
나: 정부가 세금 인하 등 각종 _____ 전국의 자영업자들이 거리로 나섰습니다.

4)

A 편의점 와인 매출 증가세 (단위:%)
23.1 28.9 31.0
1~3월 4~6월 7~9월

가: 요즘 집에서도 와인을 즐기는 사람이 많아지면서 편의점의 와인 매출이 늘었다고 하지요?
나: 네. _____ 편의점 업계에서는 앞다퉈* 자체 와인 브랜드까지 출시하고 있다고 합니다.

3. 위 문법을 사용하여 다음 메모를 보고 이야기해 보세요.

- 기온 ↓ ➡ 난방 제품 수요 ↑ ➡ 난방 제품의 가격 ↑
- 배추 공급 ↑ · 배추 수요 ↓ ➡ 배춧값 ↓
- 원화 가치 ↓ ➡ 한국을 방문하는 외국인 여행객 ↑

> 기온이 떨어지자 난방 제품에 대한 수요가 증가했습니다.
> 난방 제품에 대한 수요가 증가하자 난방 제품의 가격도 상승했다고 합니다.

 기립 박수: 자리에서 일어나서 힘차게 치는 박수.　　**한층**: 일정한 정도에서 한 단계 더.
앞다투다: 남보다 먼저 하거나 잘하려고 경쟁적으로 애쓰다.

어휘 Vocabulary

1. 관계있는 것끼리 연결하고 문장을 완성해 보세요.

노동력을	다하다	인체에 해로운 성분이 함유되지 않은 음식을 공급하다
인권을	제공하다	사회에 관계된 의무를 수행하다
환경을	존중하다	어떤 일이나 물건에 맞는 값을 치르다
사회적 책임을	지불하다	인간으로서 당연히 가지는 기본적인 권리를 귀중하게 여기다
안전한 먹거리를	착취하다	정당한 임금을 지급하지 않고 다른 사람의 노동의 성과를 이용하다
정당한 대가를	파괴하다	환경 오염 등으로 자연 생태의 질서를 무너뜨리다

1) A시는 시민들에게 <u>안전한 먹거리를 제공하기</u> 위해 농약의 허용 기준을 강화하였다.

2) 태양광 발전 시설을 짓기 위해 산에 있는 나무를 무분별하게 베는 등 _____ 행위가 뉴스에 보도되어 논란을 불러일으켰다.

3) 미성년자의 _____ 것을 방지하기 위해 한국에서는 만 18세 미만의 경우 부모의 동의 없이 아르바이트하는 것을 법으로 금지하고 있다.

4) 최근 2030 세대의 소비 경향이 바뀌고 있다. 이들은 가격이 조금 더 비싸더라도 기부 등을 통해 _____ 기업의 상품에 지갑을 여는 특징을 보인다.

5) 노약자나 장애인을 위해 공공장소에 엘리베이터를 설치하는 것은 생활 속에서 _____ 하나의 예이다.

6) 열심히 일하는 사람에게 _____ 것은 당연하다. 그러나 일은 많이 시키고 임금은 적게 주는 회사가 많은 것이 현실이다.

2. 알맞은 말을 골라 대화를 완성해 보세요.

> 합리적 소비 협력하다 매출이 신장하다
> 소비를 유도하다 시장을 개척하다 이윤을 남기다

1) 가: 컴퓨터를 구매할 때는 가격뿐만 아니라 성능이나 용량을 잘 비교해 보고 사야 해요.
   나: 맞아요. <u>합리적 소비</u>를 위해서는 조사가 많이 필요하죠.

2) 가: 어제 뉴스 봤어? A 기업이 값싼 수입 콩을 사용해 두유를 만들어 놓고는 국산* 콩을 사용했다고 속여 비싸게 팔았대.
   나: 기업이 _____ 집단인 건 맞지만, 그렇다고 해서 소비자를 속이는 것은 옳지 않지.

3) 가: 우리 회사의 매출이 전년 동기* 대비 세 배 이상 뛰었습니다.
   나: 네. 이렇게 _____ 것은 모두 마케팅 팀의 노고* 덕분입니다.

4) 가: 회사에서 팀을 운영할 때 가장 힘든 점은 무엇입니까?
   나: 팀원들과 _____ 않고 독단적*으로 행동하는 팀원을 다루는* 것이 가장 어렵습니다.

5) 가: 백화점 에스컬레이터는 다른 곳에 비해 속도가 좀 느린 것 같아.
   나: 맞아. 그건 고객이 에스컬레이터를 이용할 때 매장을 더 오래 구경할 수 있도록 해서 더 많은 _____ 전략 중 하나래.

6) 가: A 커피 회사에서 출시한 화장품이 요즘 인기래요.
   나: 네. '커피는 마시는 것'이라는 기존의 고정 관념을 깨고 새로운 _____ 성공 사례죠.

국산: 자기 나라에서 생산함. **동기**: 같은 시기. **노고**: 힘들여 수고하고 애씀.
독단적: 남과 상의하지 않고 혼자서 판단하거나 결정하는 (것). **다루다**: 사람이나 동물을 상대하거나 일을 하게 하다.

문법과 표현 3 　명은 물론이거니와

1. 다음과 같이 문장을 완성해 보세요.

1) 이 재킷은 새로 개발된 소재를 사용했기 때문에 <u>　보온은 물론이거니와 방수*도　</u> 잘된다.
   (보온, 방수)

2) 언어에 관심이 많은 소날 씨는 ＿＿＿＿＿＿＿＿＿＿＿＿＿＿＿＿＿ 잘한다.
   (일본어, 한국어)

3) 환경을 보호하기 위해서는 ＿＿＿＿＿＿＿＿＿＿＿＿＿＿＿＿＿ 노력해야 한다.
   (정부, 국민)

4) 흐엉 씨는 악기를 잘 다룬다. ＿＿＿＿＿＿＿＿＿＿＿＿＿＿＿＿＿ 잘 친다.
   (피아노, 기타)

5) 요즘 취직하기 위해서는 ＿＿＿＿＿＿＿＿＿＿＿＿＿＿＿＿＿ 좋아야 한다.
   (성적, 영어 실력)

6) 한 나라의 대통령은 ＿＿＿＿＿＿＿＿＿＿＿＿＿＿＿＿＿ 있어야 한다.
   (소통 능력, 지도력)

7) 이 영화는 ＿＿＿＿＿＿＿＿＿＿＿＿＿＿＿＿＿ 갖춘 작품으로 평가된다.
   (대중성, 예술성)

방수: 스며들거나 새거나 넘쳐흐르는 물을 막음.

2. 다음과 같이 문장을 완성해 보세요.

| 뮤지컬 배우 A 씨 | : | 1. 연기력이 탄탄하다
2. 노래 실력이 뛰어나다 | → | 팬들에게 인기가 많다 |

1) 뮤지컬 배우 A 씨는 연기력이 탄탄한 것은 물론이거니와 노래 실력도 뛰어나기 때문에 팬들에게 인기가 많다.

| 해양 쓰레기 | : | 1. 바다 생물에게 악영향을 미치다
2. 인류에게 피해를 주다 | → | 해양 쓰레기를 줄이기 위한 노력이 필요하다 |

2) _____ .

| 자전거 타기 | : | 1. 근육을 강화하다
2. 스트레스를 해소할 수 있다 | → | 전문가들이 추천하는 운동 중 하나이다 |

3) _____ .

| 코즈 마케팅 | : | 1. 매출을 신장하다
2. 사회에 도움이 되다 | → | 기업들이 적극 활용하고 있다 |

4) _____ .

3. 위 문법을 사용하여 다음 주제에 대해 이야기해 보세요.

고향의 대표 음식   고향의 명소   좋아하는 연예인   ?

> 비빔밥은 당근, 오이, 콩나물 등 각 재료 특유의 느낌과 맛이 어우러진 한국의 대표 음식 중 하나입니다. 채소도 많이 들어 있고 고기도 있어서 맛은 물론이거니와 건강에도 좋습니다.

문법과 표현 ④ 명이라면

1. 다음과 같이 대화를 완성해 보세요.

1) 가: SN 엔터테인먼트에서 신인 선발 오디션을 한대.
   나: <u>아이돌이 되고 싶은 사람이라면</u> 한 번쯤 도전해 볼 만한 좋은 기회 같아.
   (아이돌이 되고 싶은 사람)

2) 가: 이번에 구청에서 등산 동아리를 만들었다면서요? 가입 조건이 있어요?
   나: _____ 누구나 가입할 수 있어요.
   (산을 좋아하는 주민)

3) 가: 설문 조사에 참여하면 선물을 준다고 들었는데 누구나 참여가 가능한가요?
   나: 네. _____ 누구나 참여가 가능합니다.
   (성인)

4) 가: 면허를 딴 지 두 달 됐는데 여전히 주차가 어렵네요.
   나: _____ 자신 있는데 제가 좀 가르쳐 줄까요?
   (주차)

5) 가: 이번에 김기리 작가의 웹툰이 드라마로 만들어졌대요. 너무 기대돼요.
   나: 김기리 작가의 _____ 드라마도 좋아할 것 같아요.
   (웹툰을 재미있게 본 사람)

6) 가: 이 집 짬뽕 정말 일품이네요. 특히 해물이 많이 들어가서 국물 맛이 좋은 것 같아요.
   나: 맞아요. _____ 이 집만 한 곳이 없죠.
   (짬뽕)

2. 다음과 같이 글을 완성해 보세요.

무제한*으로 즐기는 드라마와 영화

드라마

앤디, 서울에 가다
202△ | 15+ | 8부작

서울에서 꿈에 그리던 마케팅 회사에 취직한 앤디. 한국어는 잘 못하지만 1) <u>마케팅이라면</u> 자신 있다. 그러나 쉽지 않은 직장 생활. 좌충우돌* 외국인 직장인의 삶을 그린 이야기.

주연: 토머스 크루즈, 김은비, 남궁현

영화

결혼 준비 전쟁
202△ | 19+ | 132분

7년의 연애 끝에 결혼을 약속한 신애와 성훈. 상견례*를 시작으로 두 사람 사이에 많은 일들이 시작된다. 2) _____ 놓치지 말아야 할 작품.

주연: 신희아, 오명석

춤의 신 김은우
202△ | 15+ | 115분

성적은 전교 꼴찌, 부끄러움이 많아 친구도 잘 사귀지 못하는 은우. 하지만 3) _____ 전교에서 은우를 이길 학생이 없다. 전설적인 댄서 김은우의 실화를 바탕으로 한 이야기.

주연: 조병민

3. 위 문법을 사용하여 여러분이 자신 있거나 좋아하는 것에 대해 이야기해 보세요.

저는 바둑이라면 우리 반에서 제일 뛰어나다고 자신합니다. 어렸을 때부터 바둑을 좋아해서 아버지와 함께 바둑을 두는 것이 취미이기도 했고, 심심할 때나 머리가 아플 때면 바둑판을 꺼내 바둑을 두곤 했습니다. 바둑이라면 자다가 일어날 정도로 좋아하고 또 즐깁니다.

 무제한: 제한이 없음.　　**좌충우돌**: 아무에게나 또는 아무 일에나 함부로 맞닥뜨림.
상견례: 결혼할 예비부부의 가족이 처음 만나 서로 인사하는 일.

복습 1

어휘 Vocabulary

정리하기

✎ 다음에서 알고 있는 어휘에 ✔ 해 보세요.

1-1과

힘겹다 ☐	가슴이 벅차다 ☐	상실감을 느끼다 ☐
고달프다 ☐	가슴이 찡하다 ☐	어깨를 토닥이다 ☐
안쓰럽다 ☐	위로를 건네다 ☐	손을 내밀어 주다 ☐
애틋하다 ☐	전율을 느끼다 ☐	몸 둘 바를 모르다 ☐
울먹이다 ☐	눈물이 핑 돌다 ☐	다리가 후들거리다 ☐
시무룩하다 ☐	가슴이 뭉클하다 ☐	숨이 턱 막힐 것 같다 ☐
투덜거리다 ☐	버겁게 느껴지다 ☐	눈시울이 뜨거워지다 ☐

1-2과

꺼리다 ☐	성찰하다 ☐	사색에 잠기다 ☐
비웃다 ☐	쌀쌀맞다 ☐	오기를 부리다 ☐
경고하다 ☐	회고하다 ☐	오해가 풀리다 ☐
구상하다 ☐	돌이켜 보다 ☐	인식의 폭을 넓히다 ☐
반성하다 ☐	웃음을 띠다 ☐	
사고하다 ☐	깨달음을 주다 ☐	

2-1과

기준 환율 ☐	상승세/하락세를 보이다 ☐	수요가 급증하다/급감하다 ☐
외환 시장 ☐	오름세/내림세를 보이다 ☐	수요가 증가하다/감소하다 ☐
현지 통화 ☐	공급이 급증하다/급감하다 ☐	환율이 급등하다/급락하다 ☐
환율 변동 ☐	공급이 증가하다/감소하다 ☐	환율이 상승하다/하락하다 ☐
환전하다 ☐	물가가 상승하다/하락하다 ☐	달러가 강세/약세를 보이다 ☐
물가가 안정되다 ☐	물가가 폭등하다/폭락하다 ☐	원화 가치가 상승하다/하락하다 ☐

2-2과

선진국/개발 도상국/저개발국 ☐	이윤을 남기다 ☐	노동력을 착취하다 ☐
공정 거래 ☐	기업을 홍보하다 ☐	신뢰도가 향상되다 ☐
공정 무역 ☐	매출이 신장하다 ☐	사회적 책임을 다하다 ☐
착한 소비 ☐	소비를 유도하다 ☐	정당한 대가를 지불하다 ☐
윤리적 소비 ☐	시장을 개척하다 ☐	친환경 원료를 사용하다 ☐
상생하다 ☐	인권을 존중하다 ☐	안전한 먹거리를 제공하다 ☐
협력하다 ☐	환경을 파괴하다 ☐	

평가하기

[1~5] 다음 (　　)에 들어갈 가장 알맞은 것을 고르세요.

1.

장마가 길어지자 과일 수확량*이 감소해 과일값이 올랐다. 과일의 (　　　)은 줄어든 데 반해 수요는 줄어들지 않았기 때문이다.

① 공급　　② 구입　　③ 반품　　④ 환율

2.

지난 16년간 함께 지냈던 강아지가 하늘나라로 갔다*. 아침부터 밤까지 밥 먹고 산책하며 모든 일상을 함께했는데 이제는 내 곁에 없다고 생각하니 (　　　)을 느낀다.

① 긴장감　　② 상실감　　③ 자신감　　④ 해방감

3.

가: 나는 화려한 무지갯빛 스마트폰이 갖고 싶은데 아직 그런 제품은 없지?
나: 응. 그렇지만 곧 (　　　)가 직접 자신이 구매할 스마트폰을 디자인하고 색을 선택할 수 있는 날이 올 테니 조금만 기다려 봐.

① 개발자　　② 생산자　　③ 소비자　　④ 판매자

4.

최근 (　　　　) 시작했다. 대표적으로 치킨 가격은 지난해 소비자 가격보다 1,000~2,000원 올랐다.

① 수출이 늘기　　② 물가가 상승하기　　③ 수요가 급락하기　　④ 환율이 하락하기

5.

동생이 영하의 날씨에 바다에서 수영을 하겠다고 (　　　　) 결국 독감에 걸리고 말았다.

① 싫증을 내더니　　　　　② 오기를 부리더니
③ 시비를 걸더니　　　　　④ 적의를 드러내더니

  수확량: 농작물을 거두어들인 양.　　**하늘나라로 가다**: (완곡한 표현으로) '죽었다'를 이르는 말.

[6~10] 다음 밑줄 친 부분과 의미가 비슷한 것을 고르세요.

6.
미리 계획하지 않고 시작한 일은 실패하기 마련이다.

① 더더욱　　② 때때로　　③ 무심코　　④ 무작정

7.
국제 사회에서 대부분의 국가는 자국의 이익을 추구하기 위해 서로 힘을 합한다.

① 경고한다　　② 연연한다　　③ 착취한다　　④ 협력한다

8.
편의점에서는 두 개를 사면 하나를 더 주는 '투 플러스 원(2+1)' 행사를 많이 한다. 이런 행사를 하면 많은 사람들이 당장 필요가 없더라도 구입을 하곤 한다.

① 지갑을 열곤　　② 이윤을 남기곤
③ 수익을 창출하곤　　④ 재고를 소진하곤

9.
달빛 아래 조용히 거닐며 깊은 생각에 빠진다. 고개를 들어 달을 보면서 서너 걸음 걷고 밤공기를 마신다. 밤공기는 차갑지 않고 오히려 시원한 느낌이다.

① 돌이켜 본다　　② 깨달음을 준다
③ 사색에 잠긴다　　④ 인식의 폭을 넓힌다

10.
그는 슬며시 다가와서 나의 옆자리에 앉았다.

① 꿋꿋이　　② 무심히　　③ 생생히　　④ 조용히

[11~13] 다음 ( )에 공통적으로 들어갈 단어를 고르세요.

11.
- 갑자기 뛰었더니 숨이 너무 (　　　).
- 내가 응원하는 팀이 우승하자 가슴이 매우 (　　　).
- 아직 4급을 배우는 나에게 토픽(TOPIK) 6급 수업을 듣는 것은 너무 (　　　).

① 떨리다　　② 벅차다　　③ 찡하다　　④ 힘겹다

12.
- 너의 운명은 다른 사람이 아닌 네가 스스로 (　　　) 한단다.
- 그는 웹툰 만화가로서 독자적인 영역을 (　　　) 사람으로 평가받는다.
- 우리 할아버지는 산속에 들어가 거친* 땅을 (　　　) 논과 밭을 일구셨다*고 한다.

① 개척하다　　② 거래하다　　③ 구입하다　　④ 기록하다

13.
- 나는 수업이 끝난 후 집을 향해 발걸음을 (　　　).
- 그 선수는 5년간의 계약이 끝난 후 다른 팀으로 소속을 (　　　).
- 밥을 먹은 후 두 사람은 카페로 자리를 (　　　) 이야기를 계속했다.

① 맞추다　　② 바꾸다　　③ 옮기다　　④ 향하다

[14~15] 밑줄 친 부분이 어색한 것을 고르세요.

14. ① 새로 부임한* 사장의 경영 전략은 공격적인 편이다.
② 불경기*가 지속되면서 소비 심리가 위축되고* 있다.
③ 환경 보호를 위해 마트에 갈 때 장바구니를 꼭 챙겨 간다.
④ 신제품에 대한 대중의 호평은 회사의 매출 하락으로 이어졌다.

15. ① 만약의 경우를 생각해서 다른 방법도 마련해야 한다.
② 과거의 잘못을 반성하고 다시는 그러지 않기로 다짐했다.
③ 시민들은 이 법의 시행이 가져올 부작용에 대해 환대하고 있다.
④ 대기가 매우 건조하므로 화재가 발생하지 않도록 조심해야 한다.

거칠다: 손질이 제대로 되지 않아 농사짓기에 적당하지 않고 지저분하다.
일구다: 농사를 짓기 위해 땅을 파서 일으키다.　　**부임하다**: 발령을 받아 근무할 곳으로 가다.
불경기: 경제 활동이 일반적으로 침체되는 상태.　　**위축되다**: 어떤 힘에 눌려 자유롭게 하지 못하게 되다.

문법과 표현
Grammar & Expression

❱ 정리하기

✐ 다음에서 알고 있는 문법과 표현에 ✔ 해 보세요.

1-1과

동-는 터라, 형-은 터라, 명인 터라	☐ 학점이 **낮은 터라** 대학원에 진학할 수 있을지 모르겠다.
형-기 짝이 없다	☐ 친구가 추천해 준 영화를 봤는데 **지루하기 짝이 없었다**.

1-2과

동-는답시고, 형-답시고, 명이랍시고	☐ 내 친구는 힘이 **세답시고** 무거운 물건을 혼자 들다가 허리를 다쳤다.
동형-으려니 하다, 명이려니 하다	☐ 후기가 좋아서 **맛있으려니 하고** 주문했는데 기대에 미치지 못했다.

2-1과

명과 맞먹다	☐ 그녀가 한 달에 버는 돈은 나의 **연봉과 맞먹는다**.
동-자	☐ 불이 **나자** 건물 안에 있던 사람들이 밖으로 빠져나왔다.

2-2과

명은 물론이거니와	☐ 지아는 **테니스는 물론이거니와** 탁구도 잘 친다.
명이라면	☐ **한국어라면** 반에서 스티븐보다 잘하는 학생이 없다.

❱ 평가하기

[1~2] 다음 (   )에 들어갈 가장 알맞은 것을 고르세요.

1.

> 선생님이 수업을 (   ) 엎드려 자던 학생들이 모두 일어났다.

① 시작하자   ② 시작하고도
③ 시작하다니   ④ 시작한답시고

복습 1

2.

> 최근 인터넷 동영상 서비스에서 방송 중인 드라마는 출연 배우들의 뛰어난 연기력과 감독의 연출력 덕분에 (　　　　) 해외에서도 호평을 받고 있다.

① 국내는커녕
② 국내려니 하고
③ 국내만 같아도
④ 국내는 물론이거니와

[3~4] 다음 밑줄 친 부분과 의미가 비슷한 것을 고르세요.

3.

> 틈틈이 10분씩 세 번 운동한 효과는 연속적으로 한 시간 운동한 효과와 <u>유사하다</u>. 따라서 출퇴근하거나 점심 먹으러 가는 길에 평소보다 빨리 걷기만 해도 성인병* 예방과 체중 감소 등의 운동 효과를 얻을 수 있다.

① 나름이다　　② 맞먹는다　　③ 불과하다　　④ 틀림없다

4.

> 부정 선거를 저지르고도 반성하지 않는 정치인을 보니 정말 <u>한심하기*</u> 짝이 없군요.

① 한심하기 그지없군요
② 한심하겠거니 했군요
③ 한심하기 십상이군요
④ 한심할 수밖에 없군요

[5~7] 알맞은 표현을 골라서 대화를 완성하세요.

> -는답시고　　　-으려니 하다　　　-는 터라　　　이라면

5. 가: 어제 성민 씨 만났을 때 많이 위로해 줬어요? 성민 씨 기분이 좀 나아졌나요?
　　나: 아니요. 아무래도 제가 ＿＿＿＿＿＿＿＿ 한 말에 성민 씨가 더 상처받은 것 같아요.

6. 가: 나나 씨, 대학원 지원한 거 어떻게 됐어요?
　　나: 떨어졌어요. 면접을 볼 때 느낌이 좋아서 당연히 ＿＿＿＿＿＿＿＿ 경쟁률이 높았나 봐요.

7. 가: 연극 〈사랑의 편지〉 봤다면서요? 어땠어요?
　　나: 배우들이 연기를 상당히 잘해서 완전히 몰입할 수 있었어요. 특히 배우 신승우 씨가 워낙 연기를 ＿＿＿＿＿＿＿＿ 관객들이 모두 숨죽이고 감상했어요.

성인병: 주로 중년 이후의 사람들에게 생기는 여러 가지 병.
한심하다: 정도에 너무 지나치거나 모자라서 불쌍하거나 어이없다.

듣기 Listening

[1] 다음을 듣고 질문에 답하세요.

1. 무엇에 대해 이야기하고 있는지 고르세요.
   ① 친구와의 관계
   ② 상실감의 종류
   ③ 진정한 위로의 방법
   ④ 잘못된 위로의 부작용

[2~3] 다음 대화를 듣고 질문에 답하세요.

2. 무엇에 대한 내용인지 고르세요.
   ① 배춧값 폭락의 원인
   ② 마스크의 수요와 공급 조절
   ③ 농산물의 가격이 불안정한 이유
   ④ 농산물과 공산품 생산의 차이점

3. 농산물 가격이 폭등하거나 폭락하는 이유로 알맞은 것을 고르세요.
   ① 농산물은 항상 수요가 많기 때문이다.
   ② 농산물은 비교적 공급이 안정적이기 때문이다.
   ③ 농산물은 정부에서 생산량을 조절할 수 있기 때문이다.
   ④ 농산물은 즉시 공급을 줄이거나 늘릴 수 없기 때문이다.

[4~5] 다음 강연을 듣고 질문에 답하세요.

4. 들은 내용과 일치하는 것을 고르세요.
   ① 공정 무역의 인증 기준은 까다롭다.
   ② 공정 무역은 점차 감소하는 추세이다.
   ③ 공정 무역 제품은 믿고 구매해야 한다.
   ④ 공정 무역에 대한 정확한 유통 정보가 제공되고 있다.

5. 여자의 태도로 알맞은 것을 고르세요.
   ① 공정 무역의 긍정적인 측면을 강조하고 있다.
   ② 사례를 통해 공정 무역의 개념을 설명하고 있다.
   ③ 여러 전문가의 견해를 인용하면서 공정 무역을 홍보하고 있다.
   ④ 공정 무역에 대해 소비자와 기업이 가져야 할 태도를 제안하고 있다.

대조적: 서로 달라서 대비가 되는 (것).
최빈국: 1인당 국민 소득이 적고 부채가 많은 가난한 나라.
불볕더위: 햇볕이 몹시 뜨거울 때의 더위.
투명하다: 사람의 말이나 태도, 펼쳐진 상황 등이 분명하다.

읽기 Reading

[1~2] 다음 글을 읽고 질문에 답하세요.

> 요즘 ESG 경영이 화제가 되고 있다. ESG는 '환경(Environmental)', '사회(Social)', '지배 구조(Governance)'의 영어 단어 첫 알파벳을 딴* 용어로 2004년에 처음 등장했다. 이상 기후나 지구 온난화 등 환경 문제가 심각해지면서 이를 해결해야 한다는 문제의식과 지속 가능성에 대한 사회적 요구가 높아졌다. 이에 따라 투자자들은 기업의 가치를 평가할 때 경영 실적*뿐 아니라 환경 보호 실천, 사회적 책임, 지배 구조와 같은 요소를 중요하게 생각하게 되었다. 따라서 기업들 역시 이러한 흐름에 발맞추어 환경 보호 및 근무 환경 개선 등에 힘쓰고 있다.
>
> ESG에 대한 관심이 높아지면서 국내에도 이를 경영에 도입하는 기업들이 늘고 있다. 국내 ESG 경영의 대표적인 사례로 A 기업을 들 수 있는데, 이 기업은 특히 플라스틱 절감* 노력으로 긍정적인 평가를 받는다. A 기업은 국내 최초로 소비자가 샴푸, 보디 워시 등을 매장에서 직접 리필할 수 있는 서비스를 선보여 좋은 반응을 이끌어 냈다. 이런 현상을 일시적인 유행으로 보는 시각도 있으나, ESG는 환경 보호와 윤리적 소비를 중시하는 소비자들의 눈높이에 맞춘 새로운 경영 방식으로 자리매김하는* 중이다.

1. 이 글의 제목으로 알맞은 것을 고르세요.
   ① ESG 경영의 확대 방안
   ② ESG 경영의 개념과 사례
   ③ ESG 경영의 지속 가능성
   ④ ESG 경영의 앞으로의 과제

2. 이 글의 내용과 일치하지 않는 것을 고르세요.
   ① ESG는 21세기에 처음 등장한 개념이다.
   ② ESG를 일시적인 유행으로 보는 시각이 있다.
   ③ 요즘 투자자들은 기업의 실적을 중시하지 않는다.
   ④ 국내에서도 ESG 경영을 도입하는 기업이 증가하고 있다.

따다: 글이나 말 등에서 필요한 부분을 뽑아 취하다.　　**실적**: 실제로 이룬 업적.　　**절감**: 아끼어 줄임.
자리매김하다: 사회나 사람들의 인식 등에 어느 정도의 고정된 위치를 차지하다.

[3~5] 다음 글을 읽고 질문에 답하세요.

네모난 수박을 보고 충격을 받았다. 어릴 때 동화적* 상상의 세계에서나 존재했던 네모난 수박이 물리적* 현실의 세계에 존재하게 된 것은 정말 놀라운 일이 아닐 수 없다. 이는 '수박은 둥글다'는 기본 개념을 파괴해 버린 일이다. 이제 우리는 식탁에 올려진 네모난 수박을 늘 먹으면서 무슨 생각을 하게 될까. 별로 대수롭지 않게* 그저 먹기에 편하고 맛있으면 그만이라고 생각하게 되지는 않을까. (㉠)

정작 수박이 네모지면 운반하기*에 편할 뿐만 아니라 보관하기에도 좋고 썰어 먹기에도 좋다고 한다. 그러나 수박의 입장에서는 여간 화가 나는 일이 아닐 것이다. 네모난 수박은 유전 공학자들에 의해 유전 인자가 변형되어 만들어진 것이 아니라 네모난 인공의 틀 속에서 자라게 함으로써 단순히 외형*만 바뀌도록 만들어진 것이다. 그러니까 둥글다는 내면*의 본질은 그대로 둔 채 인위적*으로 외형만 바뀐 것이다. 따라서 수박은 기형화된* 자신의 몸을 이해하고 받아들이기가 여간 힘들지 않을 것이다. (㉡)

처음 몸피*가 작을 때에는 아무런 고통 없이 원래의 본질대로 둥글게 자랄 것이다. 그러다가 차차 몸피가 커지고 일정 크기가 지나면서부터는 그만 네모난 틀의 형태와 똑같이 네모나지는 자신을 발견하고 참으로 참담했을 것이다. (중략)

나는 네모난 수박을 한참 들여다보다가 비록 겉모양은 네모졌으나 수박으로서의 본질적인 맛과 향은 그대로일 것이라고 생각하면서 오늘을 사는 우리들이야말로 바로 이 네모난 수박과 같은 존재가 아닌가 하는 생각이 들었다. 예전의 우리 삶이 둥근 수박과 같은 자연적 형태의 삶이었다면, 지금은 외형을 중시하는 네모난 수박과 같은 인위적 형태의 삶을 살고 있다고 할 수 있다. (㉢)

오늘 우리의 삶의 속도는 무척 빠르다. 변화의 속도가 너무 빨라 도무지 정신을 차릴 수 없다. 오늘의 속도를 미처 느끼기도 전에 내일의 속도에 몸을 실어야 한다. 그렇지만 네모난 수박이 수박으로서의 맛과 향기만은 잃지 않았듯이 우리도 인간으로서의 맛과 향기만은 결코 잃어서는 안 된다. (㉣)

출처: 정호승, 〈네모난 수박〉, 《산산조각》, 시공사, 2022

3. 이 글에서 보기 의 글이 들어가기에 가장 알맞은 곳을 고르세요.

> 보기 어쩌면 "둥글지 않으면 수박이 아니다. 둥글어야만 수박이다."라고 말하며 분노의 눈물을 흘릴지도 모른다.

① ㉠   ② ㉡   ③ ㉢   ④ ㉣

동화적: 어린이를 위하여 지은 이야기의 성격을 띠는 (것).
대수롭지 않다: 중요하게 여길 만하지 않다.
외형: 사물의 겉모양.
인위적: 자연의 힘이 아닌 사람의 힘으로 이루어지는 (것).
몸피: 몸통의 굵기.

물리적: 물질의 원리에 기초한 (것).
운반하다: 물건 등을 옮겨 나르다.
내면: 밖으로 드러나지 않는 사람의 속마음.
기형화되다: 형태나 모습이 비정상적으로 되다.

4. 이 글의 내용과 일치하는 것을 고르세요.

　① 네모난 수박은 운반과 보관이 불편하다.
　② 네모난 수박은 유전 인자가 변형되어 만들어졌다.
　③ 네모난 수박은 수박으로서의 맛과 향기를 보존하고 있다.
　④ 수박을 네모난 틀에 넣으면 처음부터 네모난 모양으로 자란다.

5. 이 글에서 글쓴이가 추구하는 올바른 삶의 모습으로 알맞은 것을 고르세요.

　① 세계의 다양한 요리를 맛보며 행복을 추구하는 삶
　② 빠른 시대 변화에 적응하여 꾸준히 자기 계발을 하는 삶
　③ 어떠한 환경에서도 인간으로서의 존재 가치를 잊지 않는 삶
　④ 유전 공학의 발전에 관심을 가지고 도움이 되도록 노력하는 삶

쓰기 Writing

✎ **다음 주제로 글을 쓰세요. (600~700자)**

> 합리적 소비와 윤리적 소비의 개념과 그 장단점을 비교하는 글을 써 보세요.

말하기 과제 / Speaking Task

복습 ①

✏️ **라디오 방송 프로그램을 만들어 봅시다.**

준비하기 3~4명이 한 조가 되어 어떤 라디오 방송 프로그램을 만들지 계획을 세워 보세요.

프로그램 콘셉트		
프로그램명		
방송 시간대		
구성	청취자 사연	
	삽입곡	
	광고	
	초대 손님	
청취자 참여 방법		

활동하기

1. 여러분의 경험담 중 라디오 사연으로 소개할 만한 것을 골라 정리해 보세요.

2. 프로그램 콘셉트에 맞춰 각 상황에 따른 진행자의 멘트를 작성해 보세요.

시작	
음악 소개	
사연 소개	
종료	

3. 위의 내용을 바탕으로 스토리보드를 작성해 보세요.

순서	구분	내용	음악	시간
1	시작 멘트			1분
2				
3				
4				
5				
6				
7				
8				
9	종료 멘트			1분

4. 위에서 만든 스토리보드대로 리허설을 해 보세요.

[발표하기]

1. 리허설이 끝나면 반 친구들 앞에서 실제로 방송을 해 보세요.

2. 다른 조의 방송을 들으면서 청취자 문자를 보내 보세요.

[평가하기] 어느 조의 방송이 가장 기억에 남습니까? 각 조의 방송을 평가해 보세요.

배경 음악이 방송 내용과 어울렸다.	☆ ☆ ☆ ☆ ☆
사연 내용이 흥미롭거나 감동적이었다.	☆ ☆ ☆ ☆ ☆
진행 멘트가 프로그램 콘셉트와 어울렸다.	☆ ☆ ☆ ☆ ☆
정확한 발음과 자연스러운 톤으로 진행했다.	☆ ☆ ☆ ☆ ☆

3 한국의 언어

3-1 한국어의 이해

3-2 한국의 문자

3-1	어휘	문법 용어, 한국어의 특징
	문법과 표현	동-기 일쑤(이)다 동-는다든지 동-는다든지 하다, 형-다든지 형-다든지 하다
3-2	어휘	문자의 유형, 한글의 창제 원리와 특성
	문법과 표현	명으로 보다 동-자면

어휘 Vocabulary

1. 알맞은 말을 골라 대화를 완성해 보세요.

> (반말) 띄어쓰기를 하다   맞춤법이 까다롭다   발음이 어렵다   활용 양상이 달라지다

교   사: 한국어를 공부할 때 뭐가 제일 어려운지 다 같이 이야기해 볼까요?

학생 1: 저는 1) <u>반말</u> 이 제일 어려워요. 1급을 공부하던 때부터 '-아요/어요'만 사용하다 보니까 친구들한테도 계속 높임말을 쓰게 돼요.

학생 2: 저는 글을 쓸 때 2) _____ 것이 어려워요. 비슷한 문법인 것 같은데 '도와주다'에서는 '주다'를 붙여 쓰고, '사 주다'에서는 붙여 쓰지 않는 게 원칙이잖아요. 그런 구분이 너무 어려워요.

학생 3: 맞아요. 그리고 한국어는 3) _____ . 왜 '월'은 '몇 월'인데 '일'은 '며칠'이에요? '웬', '왠'도 너무 헷갈려서 제 숙제에는 항상 맞춤법 오류*가 많아요.

학생 4: 저는 4) _____ . 6급인데도 아직 'ㅅ, ㅆ'이나 'ㅂ, ㅍ, ㅃ'을 정확하게 구분해서 발음하기가 힘들어요. 그리고 동사인지 형용사인지에 따라 어미*의 5) _____ 것도 너무 헷갈려요. 현재 시제로 쓸 때 '예쁘다'는 문장에서 그냥 '예쁘다'인데 동사인 '먹다'는 '-는-'이 붙어서 '먹는다'로 변하니까요. 그래서 말할 때마다 이 단어가 동사인지 형용사인지 생각해야 해서 힘들어요.

오류: 잘못이나 실수.   **어미**: 용언이나 '-이다'에서 활용할 때 형태가 달라지는 부분.

2. 알맞은 말을 골라 글을 완성해 보세요.

> 부사   조사   의성어와 의태어가 풍부하다   한자어의 비율이 높다

한국어를 잘하는 방법

고급으로 올라갈수록 어떻게 하면 원어민*과 같은 수준으로 한국어 실력을 향상할 수 있을지 고민하는 학생들이 많다. 그래서 오늘은 수준 높은 한국어를 구사하는 방법을 알려 주고자 한다.

첫째, 한자를 공부하는 것이 좋다. 한국어는 1) <u>한자어의 비율이 높다</u>. 한국어 어휘의 60~70%가 한자어라고 한다. 따라서 한자를 쓰지는 못하더라도 그 의미를 알면 어휘의 확장이 쉬워진다. 예를 들어 '보호하다'의 한자 의미를 알면 '보장하다', '보관하다' 등의 단어를 더 쉽게 이해할 수 있다. '保(보)'가 '지키다'라는 뜻의 한자이기 때문이다.

둘째, 동사를 외울 때 그 단어만 외우지 말고 어울려 쓰이는 2) _____ 와 함께 외우는 것이 좋다. 예를 들어 '졸업하다'라는 동사만 외운다면 나중에 말하거나 글을 쓸 때 '학교에서 졸업하다'와 같은 오류가 생길 수 있다. 따라서 '-을/를 졸업하다'로 외워야 한다.

셋째, 3) _____ 의 경우 뜻만 외우지 말고 예문을 보면서 상황을 통해 느낌을 익히는 것이 좋다. 예를 들어 '도무지'라는 단어는 사전에 '아무리 해도'라고 풀이되어* 있는데 이것만 봐서는 어떻게 사용하는지 알기가 어렵다. 따라서 "아무리 노력해도 도무지 생각이 나지 않는다."와 같은 예문이 쓰이는 실제 상황을 머릿속에 그려 보면서 그 느낌을 이해하는 것이 좋다.

마지막으로 한국어는 4) _____. 따라서 소리나 행동을 나타내는 다양한 표현을 공부하면 문장의 느낌을 훨씬 다채롭게* 살릴 수 있다. 예컨대 "통장이 비어 있다." 대신에 "통장이 텅 비어 있다."라고 하면 아무것도 없다는 느낌이 더 생생하게 전달된다.

원어민: 해당 언어를 모국어로 사용하는 사람.   **풀이되다**: 모르거나 어려운 것이 알기 쉽게 밝혀져 말해지다.
다채롭다: 여러 가지 색, 종류, 모양 등이 어울려 다양하고 화려하다.

문법과 표현 1 | 동-기 일쑤(이)다

1. 관계있는 것끼리 연결하고 문장을 완성해 보세요.

   1) 건망증이 심하다 — 수업에 늦다
   2) 끈기*가 없다 — 시작한 일을 마무리하지 못하다
   3) 구매한 지 오래되다 — 작동하다가 중간에 멈추다
   4) 꼼꼼하지 못한 편이다 — 나와의 약속을 잊어버리다
   5) 평소에 아침잠이 많다 — 보고서를 쓸 때 띄어쓰기 등 맞춤법을 틀리다
   6) 요즘 업무가 많이 밀려 있다 — 야근하다

   1) 내 남자 친구는 <u>건망증이 심해서 나와의 약속을 잊어버리기 일쑤다</u>.

   2) 내 동생은 _____.

   3) 이 컴퓨터는 _____.

   4) 새로 뽑은 직원은 _____.

   5) 내 룸메이트는 _____.

   6) 박 대리는 _____.

끈기: 쉽게 포기하지 않고 계속해서 참고 견디는 성질.

2. 다음과 같이 문장을 완성해 보세요.

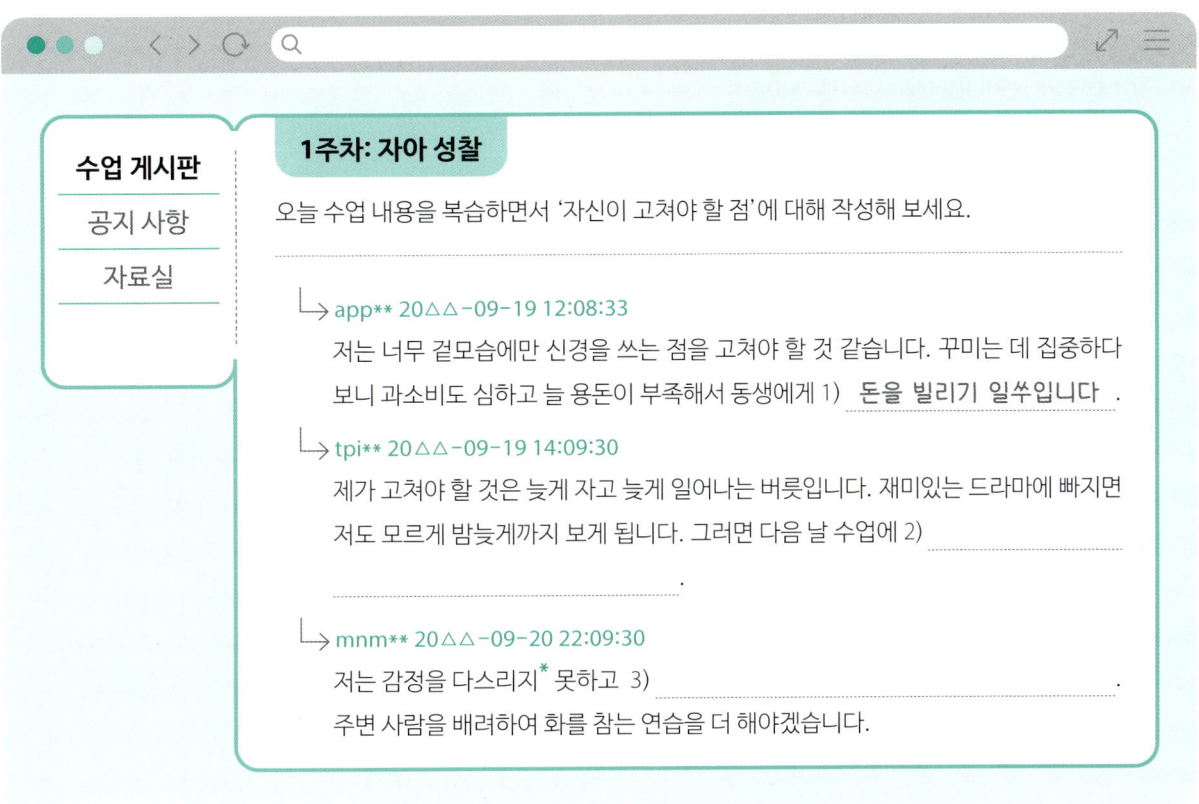

3. 위 문법을 사용하여 여러분의 성격 때문에 자주 일어나는 일에 대해 이야기해 보세요.

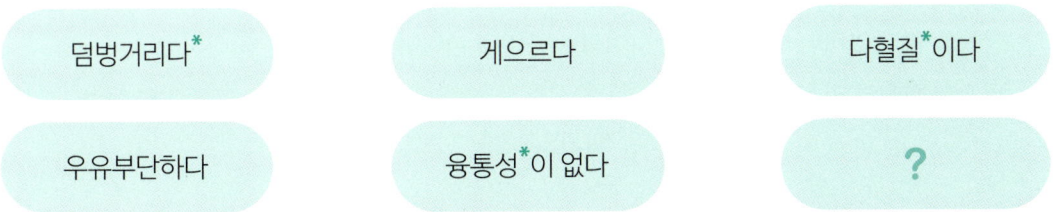

저는 덤벙거리는 성격이라서 학교에서 내 준 과제나 준비물을 잊어버리기 일쑤예요. 이런 성격 때문에 성적도 안 좋고 조원들에게 피해를 준 적도 많아요. 그래서 요즘은 휴대폰에 중요한 일을 메모하고, 아침에 일어나면 오늘의 할 일을 확인하는 습관을 들이려고 노력하고 있어요.

다스리다: 몸이나 마음을 가다듬거나 바로잡다.
다혈질: 성질이 급하고 자극에 민감해서 쉽게 흥분하는 기질.
덤벙거리다: 침착하지 못하고 들떠서 자꾸 서두르거나 함부로 덤비다.
융통성: 그때그때의 형편을 보아 일을 적절하게 처리하는 재주.

문법과 표현 2 — 동-는다든지 동-는다든지 하다, 형-다든지 형-다든지 하다

1. 다음과 같이 대화를 완성해 보세요.

1) 가: 주말에 보통 뭐 해요?
   나: <u>음악을 듣는다든지 책을 읽는다든지 하면서</u> 시간을 보내요.
   (음악, 듣다 / 책, 읽다)

2) 가: 중국, 한국, 일본은 차이점도 많지만 공통점도 있는 것 같아요.
   나: 네. 세 나라는 _____ 공통점이 있어요.
   (젓가락, 쓰다 / 한자, 사용하다)

3) 가: 요즘 밤에 잠을 자기가 힘들어요.
   나: 자기 전에 _____ 잠이 잘 올 거예요.
   (따뜻한 우유, 마시다 / 휴대폰 사용, 피하다)

4) 가: 한국에서 금기시하는* 행동엔 뭐가 있어요?
   나: _____ 것들이 있어요.
   (빨간색으로 이름, 쓰다 / 다리, 떨다)

5) 가: 운동을 하고 왔더니 배가 고프네. 다이어트 중인데 굶어야겠지?
   나: 굶으면 오히려 안 좋대. _____ 게 좋아.
   (닭 가슴살, 먹다 / 두유, 마시다)

6) 가: 다음 주가 시험인데 공부에 집중하기가 어려워요.
   나: 집중이 안 될 때는 _____
   (공부 환경, 바꾸다/ 가사가 없는 조용한 음악, 듣다)
   도움이 될 거예요.

 금기시하다: 종교나 관습적인 이유로 어떤 일을 하면 안 되거나 피해야 한다고 여기다.

2. 다음과 같이 문장을 완성해 보세요.

1) 한국어는 <u>높임법이 발달했다든지 의성어와 의태어가 풍부하다든지 하는</u> 특징이 있다.
   (높임법, 발달하다 / 의성어와 의태어, 풍부하다)

2) 살기 좋은 도시란 _____
   (환경, 깨끗하다 / 문화 시설, 잘 갖춰져 있다)
   조건을 갖춘 도시를 말한다.

3) 최근 지구 곳곳에서는 _____
   (생물의 종류, 감소하다 / 오존층*, 파괴되다)
   다양한 환경 문제가 발생하고 있다.

4) _____
   (매일, 운동하다 / 몸에 좋은 음식, 먹다)
   건강을 오래 유지할 수 있다.

5) 팬데믹 시기에 한국에서는 _____
   (QR 코드, 찍다 / 문자, 보여 주다)
   건물에 들어갈 수 있었다.

3. 위 문법을 사용하여 다음 주제에 대해 이야기해 보세요.

   | 고향의 명절 풍속 | 스트레스 해소법 | 감기에 효과 있는 민간요법* |

> 우리 나라에서는 새해가 되면 보통 고향으로 내려가 가족, 친척을 만나요. 모두 모여서 그동안 있었던 일들을 이야기한다든지 음식을 만들어 함께 먹는다든지 하면서 시간을 보내요.

오존층: 오존을 많이 포함하고 있는 대기층.   **민간요법**: 민간에서 옛날부터 전하여 내려오는 치료법.

어휘 Vocabulary

1. 알맞은 말을 골라 대화를 완성해 보세요.

> 독창적이다   우수하다   (체계적이다)   모양을 본뜨다   원리를 적용하다

1) 가: 중국어를 배우려고 하는데 어떤 학원을 선택해야 할지 고민 중이야.
   나: 수업 경험이 풍부한 선생님이 많고 교육 과정이 __체계적인__ 학원을 선택하는 것이 중요하지 않을까?

2) 가: 이 빵 이름이 뭐야? 겉은 바삭하고 속은 촉촉하네*.
   나: 크루아상이야. 크루아상은 프랑스어로 초승달을 의미하는데 초승달 _____ 만들어서 그런 이름을 붙였대.

3) 가: 어제 영화 〈신의 꽃〉을 봤는데 너무 재미없었어요. 다 어디선가 본 내용 같더라고요.
   나: 아, 무슨 말인지 이해돼요. 저도 봤는데 여러 영화들의 장면을 비슷하게 따라만 하고 _____ 부분이 하나도 없더라고요.

4) 가: 선생님, 엘리베이터에 숨겨진 과학적 원리가 궁금해요.
   나: 둥근 바퀴에 줄을 감아 무거운 물체를 들어 올리는 도르래 아시죠? 바로 그 도르래의 _____ 만들었다고 해요.

5) 가: 와! 이 이어폰이 50만 원이나 한다고요? 만 원짜리 이어폰도 있는데 그렇게 비싼 이어폰을 쓰는 이유가 있어요?
   나: 다른 이어폰들에 비해 성능이 훨씬 _____ 때문이죠. 저도 처음에는 너무 비싸다고 생각했는데 한번 사용해 보니까 다른 이어폰은 못 쓰겠더라고요.

> **촉촉하다**: 물기가 있어 조금 젖은 듯하다.

2. 알맞은 말을 골라 글을 완성해 보세요.

> 공식 문자   표의 문자   (한글을 창제하다)

지금은 한글의 우수성이 널리 인정받고 있지만, 처음부터 한글이 모든 사람에게 환영받은 것은 아니었다. 세종대왕이 1) __한글을 창제했을__ 때 많은 양반들은 이 문자의 사용에 반대했다. 당시 조선에서는 하나의 문자가 일정한 뜻을 가지는 2) _____ 인 한자를 사용했다. 그런데 한자는 중국어를 적기 위해 만들어진 문자이고 글자 수가 많아 우리 백성들이 읽고 쓰기에는 너무 어려웠다. 따라서 체계적인 교육을 받을 수 있었던 양반들만 글을 읽고 이해할 수 있었다. 이에 세종대왕은 우리말을 효과적으로 표기하고 누구나 쉽게 배울 수 있는 실용적인 문자가 필요하다고 생각했다.

그런데 한글이 반포되자 양반들은 한글 사용을 반대했다. 새로운 문자가 백성에게 도움이 되지 않고 중국과의 관계에도 문제가 생길 것이라는 이유였다. 이로 인해 한글은 오랜 기간 양반들에게 외면 당하다가 창제된 지 450여 년이 지난 1894년이 되어서야 비로소 3) _____ 로 인정받게 되었다. 그리고 현재 한글은 한국인은 물론 한국어를 배우는 외국인도 쉽게 학습할 수 있는 문자로 자리 잡았다.

3. 빈칸에 알맞은 말을 넣어 보세요.

	a 가 모	아	쓰	c 기		e	
				나			
						다	
	라	b					
					d		
					마		

가로 열쇠 →

가. 문자를 가로세로로 묶어서 쓰는 방식.
나. 부르는 이름.
다. 소리를 흉내 낸 말.
라. 사물의 모양을 본떠 만든 글자.
마. '백성을 가르치는 바른 소리'라는 뜻으로 1443년 세종대왕이 창제한 글자를 이르는 말.

세로 열쇠 ↓

a. '아, 오, 우, 이'처럼 발음할 때 공기의 흐름이 발음 기관의 방해를 받지 않고 나는 소리.
b. '예쁘다, 비싸다'처럼 사람이나 사물의 성질 또는 상태를 나타내는 품사.
c. 뜻을 나타내기 위해 쓰는 여러 가지 표시.
d. 앞으로의 행동이나 생활에 도움이 될 만한 가르침.
e. 일이나 현상이 일정한 규칙을 갖는 성질.

문법과 표현 ③ 명으로 보다

1. 알맞은 말을 골라 대화를 완성해 보세요.

> 가격   결과적   분위기   위치   취업률   (편의성)

1) 가: 데스크톱 컴퓨터와 노트북 중 뭘 사야 할까요?
   나: <u>편의성으로 볼 때</u> 이동이 편리한 노트북이 나은 것 같아요.

2) 가: 요즘은 서울의 아파트보다 경기도의 아파트가 더 잘 팔린다면서요?
   나: 네. 비록 출퇴근 시간이 오래 걸리더라도 _____ 저렴한 경기도 아파트가 경쟁력이 있는 것 같아요.

3) 가: 교내 기숙사에 살지 공기가 좋은 산 근처에 살지 고민이야.
   나: _____ 교실까지의 이동 거리가 짧은 교내 기숙사가 더 낫지 않을까?

4) 가: 한국대학교와 민주대학교 두 군데 다 합격했는데 어느 학교가 더 좋을까요?
   나: _____ 대기업에 합격하는 졸업생이 많은 한국대학교가 좋을 것 같아요.

5) 가: 이번 여행에서는 호텔하고 펜션 중 어디에 묵을까?
   나: _____ 편안하고 아늑한 펜션이 나을 것 같아.

6) 가: 그때 직장 그만둔 거 후회해?
   나: 아니. 지금 직장에서 즐겁게 일하고 있어. _____ 그때 그 회사를 떠난 건 최고의 선택이었어.

2. 알맞은 말을 골라 문장을 완성해 보세요.

> 기준   성능   인성   장기적   (쓰기 실력)

1) 크리스와 나나의 한국어 실력은 비슷하다. 하지만 <u>쓰기 실력으로 보면</u> 나나가 더 나은 것 같다.

2) 이번에 새로 출시된 자동차는 몇 년 전 모델과 디자인은 비슷하지만 _____ 비교가 안 될 만큼 개선됐다.

3) 지원자 1번의 성적이 더 우수하지만 _____ 지원자 2번이 우리 학교 선생님으로 더 적합할 것 같다.

4) 공정 무역은 단기적으로 보면 기업에 손해인 것처럼 보이지만 _____ 기업과 생산자 모두가 상생하는 길이다.

5) 소설 《프랑켄슈타인》에서 과학자 빅터 프랑켄슈타인이 하는 실험은 오늘날의 _____ 비윤리적*인 행위이다.

3. 위 문법을 사용하여 둘 중 어느 것을 선택할지 고민한 경험을 이야기해 보세요..

저는 A 사와 B 사의 휴대폰 중 어느 것을 살지 고민한 적이 있어요. A 사 제품은 사용하기 편리하지만 크기가 작고, B 사 제품은 사용하기는 좀 불편하지만 크기는 크거든요. 결국 크기로 볼 때 B 사 제품이 더 낫겠구나 싶어서 B 사 휴대폰을 구매했어요.

비윤리적: 사람이 지켜야 할 도리를 따르지 않는 (것).

문법과 표현 4 동-자면

1. 관계있는 것끼리 연결하고 문장을 완성해 보세요.

1) 지구 온난화를 막다	•———————•	일회용품 사용을 줄여야 하다
2) 건강을 유지하다	• •	가계부*를 쓰는 것이 좋다
3) 내일 보고서를 제출하다	• •	일상 속에서 많이 움직이는 것이 좋다
4) 불필요한 지출을 막다	• •	오늘 밤을 새워야 하다
5) 좋은 글을 쓰다	• •	상대방의 입장에서 먼저 생각하는 습관을 들이는 것이 좋다
6) 공감 능력을 기르다	• •	다른 사람의 글을 많이 읽는 것이 필요하다

1) 지구 온난화를 막자면 일회용품 사용을 줄여야 한다 .

2) _____ .

3) _____ .

4) _____ .

5) _____ .

6) _____ .

*가계부: 집안 살림의 수입과 지출을 기록한 장부.

2. 다음과 같이 대화를 완성해 보세요.

1) 가: 지안 씨의 인생에서 제일 감동적인 순간은 언제였습니까?
   나: <u>제 인생에서 가장 감동적인 순간을 들자면</u> 연극 무대에 처음 선 순간이었습니다.

2) 가: 선생님, 수요가 급증하면 가격도 폭등한다고 하는데요. 예를 하나 들어 주세요.
   나: 네. _____ 팬데믹 시기에 마스크 수요가 증가하여 가격이 올라간 경우가 있었습니다.

3) 가: 지금까지의 내용을 정리해 주실 수 있을까요?
   나: 네. _____ 한국어는 높임 표현뿐만 아니라 색깔이나 느낌을 나타내는 어휘가 발달했다는 특징이 있습니다.

4) 가: 외국어 공부를 할 때 가장 중요하다고 생각하는 부분을 말씀해 주시겠습니까?
   나: 제 생각을 _____ 언어를 배우는 동기와 언어에 대한 관심이 가장 중요하다고 봅니다.

3. 위 문법을 사용하여 다음 주제에 대해 이야기해 보세요.

| 한국어 실력을 기르는 방법 | 건강을 유지하는 방법 | 생활비를 절약하는 방법 |

> 저는 한국어 실력을 기르기 위해 여러 방법을 시도해 봤습니다. 말하기를 잘하자면 우선 한국어로 대화를 많이 해야 합니다. 그래서 저는 가능한 많은 사람을 만나 한국어로 대화했습니다. 집에 혼자 있을 땐 혼잣말도 한국어로 하곤 했습니다. 그리고 쓰기를 잘하자면 글을 많이 읽는 것이 좋습니다. 한국어는 제 모국어와 문장 구조가 다르기 때문에 단어만 그대로 번역했을 때 어색한 문장이 되곤 했습니다. 그래서 저는 많은 글을 읽으면서 한국어의 문장에 익숙해지도록 노력했습니다.

4

소통과 언론

4-1 디지털 시대의 소통

4-2 언론의 변화

4-1	어휘	소통 방식, 미디어 이용
	문법과 표현	명-을 불문하고 동-는 게 고작이다
4-2	어휘	언론과 미디어, 맞춤형 정보
	문법과 표현	동-기에는 동-은 후에야 (비로소)

어휘 Vocabulary

1. 알맞은 말을 골라 대화를 완성해 보세요.

> 디지털　　　아날로그　　　비언어적 요소　　　양방향 소통
> (일방향 소통)　　메시지로 소통하다　　애플리케이션을 활용하다

1) 가: 아이들하고 어떤 식으로 대화해야 할지 모르겠어요. 저는 좋은 의미로 말한 건데 잔소리 그만하라고 하더라고요. 어떻게 하면 좋을까요?
   나: 아마 그건 혼자만 말하고 상대방 말은 듣지 않는 <u>일방향 소통</u> 을 해서 그럴 거예요. 아이들의 이야기도 들어 주는 _____ 을/를 하면 어떨까요?

2) 가: 선생님, 한국어 발음을 더 연습하고 싶은데 주변에 한국인 친구가 없어서 제 발음이 맞는지 확인할 수가 없어요. 어떻게 하면 좋을까요?
   나: 한국어 발음을 정확하게 확인해 주는 _____ 보세요. 스마트폰으로 녹음하면 발음이 맞았는지 틀렸는지 알려 줘서 혼자서도 편하게 연습할 수 있어요.

3) 가: 저는 확실히 _____ 세대인가 봐요. 아직도 종이책이 좋고 전자책은 보기가 힘들어요. 지수 씨는 어때요?
   나: 저는 어렸을 때부터 스마트 기기를 사용한 _____ 세대지만, 그래도 종이책이 좋아요. 종이로 보는 게 눈이 덜 피로하거든요.

4) 가: 선생님, 발표를 잘하는 방법이 있을까요?
   나: 보통 발표를 잘하려면 말만 잘하면 된다고 생각하죠. 그렇지만 눈빛, 시선, 몸짓, 동선* 등 _____ 도 언어적 요소만큼 중요해요. 그러니 발표할 때는 본인의 움직임에도 신경 써 보세요.

5) 가: 제니퍼 씨는 친구들하고 이야기할 때 전화 통화랑 문자 대화 중에서 어느 쪽을 선호해요?
   나: 저는 _____ 것을 선호해요. 전화로 하면 통화하는 동안 말실수를 하게 될 수도 있고, 다른 일을 못하고 계속 이야기만 해야 하니까요. 그에 비해 문자는 보내기 전에 생각할 수도 있고, 다른 일을 하면서 답장을 보낼 수도 있잖아요.

동선: 사람이나 물건이 움직이는 자취나 방향을 나타내는 선.

2. 알맞은 말을 골라 댓글을 완성해 보세요.

> 실시간 소통   (사진을 공유하다)   영상을 편집하다   콘텐츠를 재생산하다

> 스마트폰이 오히려 불편을 초래한다는 사람도 있는데 저는 이제 스마트폰이 없으면 못 살 것 같아요.
> ↳ 맞아요. 스마트폰만 있으면 쉽게 사진을 찍을 수 있고 친구에게 1) 사진을 공유하기도 편하죠.
> ↳ 외국에 있는 친구나 가족과 2) _____ 을 할 수 있다는 점도 좋아요. 예전에는 국제 통화료가 비싸서 연락을 자주 못 했거든요.
> ↳ 누구나 소통의 중심이 될 수 있다는 것도 좋은 것 같아요. 예전에는 TV에 나오는 연예인들을 따라 하기만 했는데 이제는 마음만 먹으면 누구나 유행을 만들 수 있죠.
> ↳ 그렇죠. 어떤 사람들은 방송된 내용 중 재미있는 부분의 3) _____ 동영상 재생 사이트에 올리기도 하더라고요. 스마트폰이 등장하면서 이렇게 4) _____ 일이 더욱 편리해진 것 같아요.

3. 알맞은 말을 골라 글을 완성해 보세요.

> (비대면)   영상 통화   경계를 허물다
> 공감 능력이 저하되다   매체를 활용하다   사회적 관계를 맺다

> 2019년 말, 전 세계는 큰 위기에 처했다. 바로 코로나바이러스감염증-19의 등장 때문이었다. 코로나19는 사회 각 분야에 큰 변화를 가져왔다.
> 가장 큰 변화는 많은 분야의 업무가 1) 비대면 으로 진행됐다는 것이다. 회사에서는 재택근무가 일상화되고 학교에서는 온라인 수업이 시작되었다. 식당에서는 무인 결제 시스템이 늘어났으며, 병원을 방문하지 않고 2) _____ 로 진료를 받는 일도 생겼다. 이렇게 사람들과 대면으로 만나서 3) _____ 기회가 줄어듦에 따라 비언어적 소통의 기회가 감소했다. 이로 인해 상대방의 감정 변화를 살피는 데 둔감해져 4) _____ 가능성이 커졌다.
> 반면 긍정적인 변화도 있었다. 인터넷이라는 5) _____ 전 세계가 온라인상에서 하나로 이어지는 현상이 가속화된 것이다. 예를 들어 콘서트가 온라인으로 진행되면서 외국에 있는 팬들도 케이 팝 콘서트를 즐길 수 있게 되었고, 직접 그 나라에 가지 않아도 원어민에게 외국어를 배울 수 있는 기회도 더 많아졌다. 온라인 소통의 활성화로 인해 공간의 6) _____ 된 것이다.

문법과 표현 ① 명을 불문하고

1. 관계있는 것끼리 연결하고 문장을 완성해 보세요.

1) 국가 — 연인 간의 사랑은 문학 작품의 주요 소재이다
2) 나이 • • 전교생이 도서관에서 공부에 몰두하고 있다
3) 이유 • • 건강을 위해 투자를 아끼지 않는 사람들이 많다
4) 전공 • • 한국에서 취직하려면 영어 실력이 요구된다
5) 학년 • • 시험 도중에 휴대폰을 보는 것은 부정행위*로 간주된다*

1) 국가를 불문하고 연인 간의 사랑은 문학 작품의 주요 소재이다.
2) _____.
3) _____.
4) _____.
5) _____.

2. 신문 기사의 제목을 보고 문장을 써 보세요.

1)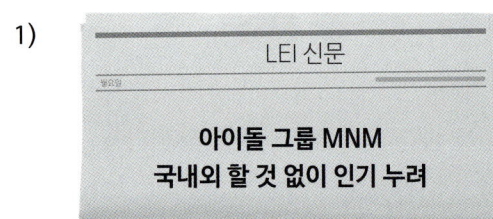
LH 신문
아이돌 그룹 MNM
국내외 할 것 없이 인기 누려

아이돌 그룹 MNM이 국내외를 불문하고 인기를 누리고 있다.

2) LH 신문
경찰, 지위가 높고 낮음에 관계없이 이번 범죄 사건 관계자를 철저하게 조사하겠다고 밝혀

_____
_____
_____.

 부정행위: 올바르지 못한 행위.   **간주되다**: 무엇이 어떠하다고 생각되거나 여겨지다.

3) 너티 신문

한국의 MZ 세대, 남녀를 가리지* 않고
피부 관리에 힘써

.

4) 너티 신문

영화, 소설, 만화 등 장르를
막론하고 리메이크가 유행

.

5) 너티 신문

스마트폰 사용 실태 조사 결과,
엑스(X) 세대부터 알파(α) 세대까지
메신저 앱이 사용 시간 1위 차지

.

3. 위 문법을 사용하여 이야기해 보세요.

- 여러분 고향에서 모두에게 사랑받는 음식은 무엇입니까?
- 현재 모든 세대에게 사랑받는 가수 또는 배우가 있다면 누구입니까?

한국에서 남녀노소를 불문하고 사랑받는 음식은 라면입니다. 라면은 요리하기 간편해서 출출할 때 간식으로 먹기도 합니다. 라면과 김치는 제가 생각하는 최고의 음식 조합으로, 얼큰한 라면과 김치 몇 조각만 있으면 남부럽잖은 한 끼 식사가 됩니다.

가리다: 여럿 가운데서 하나를 구별하여 고르다.

문법과 표현 ❷   동-는 게 고작이다

1. 다음과 같이 대화를 완성해 보세요.

1) 가: 요즘 운동을 열심히 하신다면서요?
   나: 아니요. 집 주변 공원을 <u>산책하는 게 고작이에요</u>.

2) 가: 부모님께 자주 연락드려요?
   나: 아니요. 요즘 수업 때문에 바빠서 한 달에 한 번 _____.

3) 가: 꾸준히 저축하면 아파트를 살 수 있을 거야.
   나: 이렇게 적은 월급으로는 10년을 모아도 원룸 하나 겨우 _____.

4) 가: 샤샤 씨 자주 만나요? 같은 학교 다니잖아요.
   나: 아니요. 서로 바빠서 1년에 한두 번 _____.

5) 가: 물가는 폭등했는데 월급은 제자리걸음*이라고 합니다. 이현우 기자, 자세한 보도 부탁드립니다.
   나: 네. 통계청의 조사에 따르면 물가 인상률은 5%에 달하는데 직장인의 평균 월급은 2% _____.

6) 가: 세계적으로 커피 수요가 늘면서 생산자들도 큰 이윤을 얻겠네요?
   나: 아니요. 생산자들은 여전히 1%의 _____. 따라서 공정 무역이 필요한 거죠.

제자리걸음: 상태가 나아가지 못하고 한자리에 머무르는 일. 또는 그런 상태.

2. 다음과 같이 글을 완성해 보세요.

서우와 하람이의 공동생활

서우와 하람이가 공동생활을 시작한 지 한 달쯤 되었다. 오늘은 서우가 집안일을 하는 날이다. 집안일이라고 해 봤자 청소하고 저녁을 1) <u>준비하는 게 고작이지만</u> 집안일에 서툰 서우에게는 너무나 힘든 일이다. 서우는 청소기를 돌리다가 말고 스마트폰으로 로봇 청소기를 검색했다. 그러고는 하람이에게 검색한 링크를 보내며 돈을 반반씩 내서 로봇 청소기를 사자고 했다. 그러나 하람이는 반대했다. 현재 월급으로는 매달 용돈을 쓰고 월세와 관리비를 2) _____ 때문이다.

서우는 저녁 식사를 준비하기 시작했다. 30분 동안 열심히 만들었지만 달걀프라이 두 개를 3) _____. 그래도 서우는 뿌듯했다.

문소리가 들렸다. 하람이가 퇴근한 것이다. 서우와 하람이는 더 많은 시간을 함께 보내고 싶지만 직장 일로 바빠서 저녁을 먹으며 같이 시간을 4) _____. 그래도 서로가 있어서 외롭지 않다.

3. 위 문법을 사용하여 더 많은 것을 기대했지만 실제 상황은 이에 미치지 못한 일에 대해 이야기해 보세요.

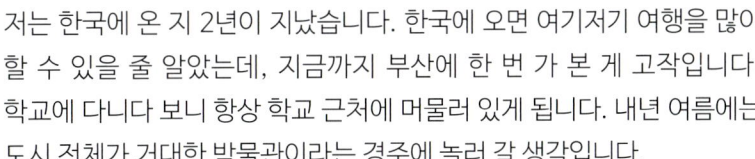

저는 한국에 온 지 2년이 지났습니다. 한국에 오면 여기저기 여행을 많이 할 수 있을 줄 알았는데, 지금까지 부산에 한 번 가 본 게 고작입니다. 학교에 다니다 보니 항상 학교 근처에 머물러 있게 됩니다. 내년 여름에는 도시 전체가 거대한 박물관이라는 경주에 놀러 갈 생각입니다.

어휘 Vocabulary

1. 알맞은 말을 골라 글을 완성해 보세요.

> 비판적 사고   편향된 사고   사고 능력을 저하시키다   수동적으로 수용하다

바람직한 대학 생활

한국대학교 △△과 교수 김미은

신입생 여러분, 환영합니다. 오늘은 대학 생활에서 가져야 할 바람직한 태도에 대해 이야기하려고 합니다.

우선 대학에서는 1) __비판적 사고__ 를 가지고 수업을 들어야 합니다. 고등학교 때 여러분은 대부분 수업 시간에 선생님이 가르쳐 주는 내용을 2) _____ 겁니다. 그러나 대학 수업에서는 단순히 교수님이 전달하는 메시지를 받아들이는 것을 넘어서 그 메시지가 타당한지 판단해 보는 연습을 해야 합니다. 무비판적 수용은 3) _____ 대학교를 졸업하고서도 스스로 판단을 못 하는 사회인이 될 수 있습니다.

또한 다양한 가치관을 접해 봐야 합니다. 고등학생 때는 비슷한 환경에서 유사한 경험을 공유한 친구들과 어울리는 것이 일반적이므로 주변 사람들의 가치관도 자신과 크게 다르지 않았을 것입니다. 그러나 대학교에서는 다양한 배경을 가진 학생들이 모여서 수업을 듣는 만큼 여러 사람들과 적극적으로 대화하고 어울려 보는 것이 좋습니다. 그렇지 않으면 4) _____ 에 갇히게 될 수 있습니다.

《대학 생활 안내서》 중에서

2. 알맞은 말을 골라 문장을 완성해 보세요.

> 메시지를 전달하다   여론을 형성하다   취향을 파악하다   편파적으로 보도하다

1) 인터넷 뉴스에 댓글을 다는 것은 __여론을 형성하는 데__ 중요한 역할을 한다.

2) A 방송이 지난 선거에서 특정 후보에 대해 _____ 비난을 받고 있다.

3) 연애를 시작한 지 6개월이 지났지만, 그 사람이 무엇을 좋아하고 싫어하는지 전혀 말해 주지 않아 _____ 못하고 있다.

4) 그 영화는 비정규직의 고용 불안에 더 관심을 가져야 한다는 _____ .

3. 알맞은 말을 골라 아래의 도식을 완성해 보세요.

> 기사를 작성하다   뉴스를 선별하다   정보를 수집하다

TV 뉴스는 어떻게 만들어질까?

1) _____ 단계 : 사회의 여러 곳에서 발생하는 사건·사고 정보를 모은다.

2) _____ 단계 : 모은 정보 중 사회적으로 이슈가 될 만한 것들을 골라낸다.

심층적으로 취재하는 단계 : 선별한 뉴스와 관련된 정보를 더욱 자세히 조사하고, 방송 뉴스에 나갈 화면을 찍는다.

3) _____ 단계 : 취재한 것을 바탕으로 기사를 쓴다.

뉴스를 편집하는 단계 : 시청자가 이해하기 쉽도록 편집한다.

뉴스를 보도하는 단계 : 방송을 통해 시청자에게 뉴스를 전달한다.

문법과 표현 3 동-기에는

1. 관계있는 것끼리 연결하고 문장을 완성해 보세요.

1) 커피를 매일 사 먹다	•	• 그동안 해 온 노력이 너무 아깝다
2) 오늘 안에 보고서를 끝내다	•	• 역부족이다
3) 더 넓은 집으로 옮기다	•	• 시간이 부족하다
4) 이제 와서 포기하다	•	• 커피 가격이 너무 비싸다
5) 우리 힘만으로 상황을 극복하다	•	• 시기상조*이다
6) 경기가 완전히 회복했다고 판단하다	•	• 전세금*이 모자라다

1) 커피를 매일 사 먹기에는 커피 가격이 너무 비싸다 .

2) _____ .

3) _____ .

4) _____ .

5) _____ .

6) _____ .

시기상조: 어떤 일을 하기에 아직 때가 이름.
전세금: 부동산을 소유한 사람에게 일정한 금액을 맡기고 그 부동산을 일정 기간 빌려 쓰기 위한 돈.

2. 알맞은 말을 골라 기사문을 완성해 보세요.

> 경기를 뒤집다   선수들과 겨루다   (위기를 넘기다)

테니스 선수 정순화, 아쉬운 패배

기사 입력 20△△. 6. 6. 07:17
김래나 기자

지난 5일, 19세의 정순화 선수가 세계 테니스 선수권 대회에서 세계 랭킹 5위인 페조나 선수를 상대로 최선을 다했지만 아쉽게 패했다. 정순화 선수는 1세트에서 4 대 3으로 앞서 나갔으나 페조나 선수에게 역전을 허용하며 위기를 맞았다. 이러한 1) __위기를 넘기기에는__ 아직 경험이 부족했는지 그대로 1세트에서 패하고 말았다. 2세트에서는 초반에 밀리던 정순화 선수가 한 점 한 점 따라가며 동점 상황까지 만들어 냈다. 하지만 2) _____ 더 이상 체력이 남아 있지 않았고 결국 7 대 5로 경기에서 패배했다. 정순화 선수는 "페조나 선수와의 경기를 통해 세계적인 3) _____ 아직 많이 부족하다는 점을 느꼈다."라며 경기에 대한 소감을 밝혔다.

snu123@lei.co.kr

〈저작권자(c) SNU뉴스, 무단 전재-재배포 금지〉
#테니스 #KS오픈 #졌지만잘싸웠다

3. 위 문법을 사용하여 하고 싶었지만 못 했던 일과 그 이유를 이야기해 보세요.

얼마 전 오랜만에 한국인 친구를 만났습니다. 그 친구는 요즘 영어를 열심히 공부한다고 하면서 저에게 어려운 영어 문법에 대해 질문을 했습니다. 하지만 그 질문의 답을 한국어로 설명하기에는 제 한국어 실력이 부족해서 제대로 알려 주지 못했습니다. 한국어를 좀 더 배워서 친구에게 영어 문법을 잘 설명해 주고 싶습니다.

문법과 표현 4 　 동-은 후에야 (비로소)

1. 다음과 같이 문장을 완성해 보세요.

1) 혼자 살기 시작하다 → 가족의 소중함을 알게 되다
   ➡ 혼자 살기 시작한 후에야 비로소 가족의 소중함을 알게 되었다.

2) 약을 먹다 → 푹 잘 수 있다
   ➡ _____.

3) 전쟁이 끝나다 → 고향에 돌아갈 수 있다
   ➡ _____.

4) 그 화가는 죽다 → 사람들에게 천재성을 인정받다
   ➡ _____.

5) 심각한 사건이 터지다 → 스토킹* 범죄가 언론의 주목을 받다
   ➡ _____.

6) 지진이 발생한 지 10분이 지나다 → 주민들에게 재난 문자가 발송되다
   ➡ _____.

 스토킹: 상대방의 의도와는 상관없이 쫓아다니면서 정신적, 신체적으로 괴롭히는 행위.

2. 다음과 같이 노래 가사를 완성해 보세요.

헤어진 후에야 알 수 있는 것
노래 | MC스누

전체　곡 정보　수록 앨범　비슷한 아티스트

가사 정보

"잘 지내?"란 말에 왈칵 눈물이 나. 아무렇지 않은 듯이 애써* 묻는 안부.
오랜만에 너를 보니 자꾸 목이 메어*. 슬퍼.
그때의 네가, 그때의 내가, 그때의 우리가 너무 그리워.

너를 만나기 전, 나는 나밖에 모르는 이기적인 사람이었어.
너를 1) _만난 후에야_ 다른 사람을 위한다는 것이 무엇인지 알게 됐어.
우리는 결국 연인이 됐어. 2) _____ 사랑이라는 감정도 알게 됐지.

시간이 지나면서 익숙해졌어. 서로의 소중함은 옅어졌어*. 결국 이별했어. 믿을 수 없었지만 사실인걸.
3) _____ 알게 됐어. 너의 빈자리가 크다는 걸.

오랜 4) _____ 알게 됐어.
시간이 아무리 지나도 너를 절대 잊을 수 없다는 것. 죽을 만큼 그립다는 것.
너를 아무리 지우려고 해도 너의 흔적을 지울 수 없다는 것.

▶ 바로 재생　　⬇ MP3

3. 위 문법을 사용하여 시간이 지나고 나서 알게 된 것에 대해 이야기해 보세요.

> 교통사고를 당해서 병원에 입원했습니다. 좋아하던 운동도 못 하고 침대에서 꼼짝도 할 수 없어 답답했습니다. 이런 불편함을 경험한 후에야 비로소 건강의 소중함을 알게 됐습니다.

애쓰다: 마음과 힘을 다하여 무엇을 이루려고 힘쓰다.
목이 메다: 기쁨이나 서러움 등의 감정이 치솟아 목이 막힌 듯한 느낌이 있다.　　**옅다**: 정도가 깊지 않다.

복습 2

어휘 Vocabulary

▶ 정리하기

✎ 다음에서 알고 있는 어휘에 ✔ 해 보세요.

3-1과

동사 ☐	형용사 ☐	말을 놓다/높이다 ☐
명사 ☐	조사가 붙다 ☐	맞춤법이 까다롭다 ☐
부사 ☐	발음이 어렵다 ☐	높임 표현이 발달하다 ☐
조사 ☐	어순을 바꾸다 ☐	한자어의 비율이 높다 ☐
주어 ☐	띄어쓰기를 하다 ☐	활용 양상이 달라지다 ☐
목적어 ☐	어휘가 다양하다 ☐	의성어/의태어가 풍부하다 ☐
서술어 ☐	주어를 생략하다 ☐	

3-2과

기호 ☐	독창성/독창적이다 ☐	입력하다 ☐
모음 ☐	체계성/체계적이다 ☐	획을 더하다 ☐
자음 ☐	풀어쓰기/모아쓰기 ☐	모양을 본뜨다 ☐
간결성/간결하다 ☐	공식 문자 ☐	원리를 적용하다 ☐
우수성/우수하다 ☐	상형 문자 ☐	한글을 창제하다 ☐
과학성/과학적이다 ☐	표음 문자 ☐	일대일로 대응되다 ☐
규칙성/규칙적이다 ☐	표의 문자 ☐	

4-1과

디지털/아날로그 ☐	사진을 공유하다 ☐	콘텐츠를 재생산하다 ☐
일방향/양방향 소통 ☐	영상을 편집하다 ☐	공감 능력이 저하되다 ☐
대면/비대면 의사소통 ☐	정보를 교환하다 ☐	음성/영상 통화를 선호하다 ☐
실시간/즉각적인 소통 ☐	메시지로 소통하다 ☐	애플리케이션/앱을 활용하다 ☐
언어적/비언어적 요소 ☐	미디어를 이용하다 ☐	콘텐츠를 소비하다/생산하다 ☐
경계를 허물다 ☐	사회적 관계를 맺다 ☐	
매체를 활용하다 ☐	소통의 중심이 되다 ☐	

4-2과

맞춤형 뉴스 ☐	기사를 작성하다 ☐	메시지를 전달하다 ☐
비판적 사고 ☐	뉴스를 선별하다 ☐	수동적으로 수용하다 ☐
편향된 사고 ☐	여론을 형성하다 ☐	편파적으로 보도하다 ☐
획일적 사고 ☐	정보를 수집하다 ☐	가짜 뉴스를 판별하다 ☐
끼리끼리 문화 ☐	취향을 파악하다 ☐	사고 능력을 저하시키다 ☐

) 평가하기

[1~5] 다음 ( )에 들어갈 가장 알맞은 것을 고르세요.

1.
줄리앙 씨는 근무 실적이 ( ) '이달의 사원'으로 선정되었다.

① 다양해서 ② 우수해서 ③ 적합해서 ④ 풍부해서

2.
( ) 교육을 받고 자란 아이들은 창의력이 부족할 수 있다.

① 과학적인 ② 규칙적인 ③ 체계적인 ④ 획일적인

3.
가: 수학은 보기만 해도 머리가 아파. 수학 문제를 잘 풀려면 어떻게 해야 돼?
나: 문제를 풀기 전에 어떤 공식을 ( ) 하는지 잘 생각해 봐.

① 수집해야 ② 적용해야 ③ 투입해야 ④ 해석해야

4.
이번 전시의 주제는 '과학을 소재로 한 미술'입니다. 과학자의 꿈, 예술가의 상상을 한자리에 모아 시각적으로 디자인하여 과학과 미술의 ( )는 평가를 받습니다.

① 경계를 허물었다　　　　　　　　② 매체를 활용했다
③ 취향을 파악했다　　　　　　　　④ 형태가 변화했다

5.
스트레스 관련 호르몬인 코르티솔 수치가 높은 사람들은 기억력과 주의력 등이 다른 사람들에 비해 낮은 것으로 측정되었다. 즉, 스트레스가 우리의 사고 능력을 ( )는 것이 증명된 것이다.

① 반영시킨다　　　　　　　　　　② 발달시킨다
③ 저하시킨다　　　　　　　　　　④ 투입시킨다

[6~10] 다음 밑줄 친 부분과 의미가 비슷한 것을 고르세요.

6.
'후루룩, 속닥속닥, 풍덩' 등은 <u>소리를 흉내 내는 말</u>이다.

① 관용어　　② 의성어　　③ 의태어　　④ 한자어

7.
처음 만난 사람에 대한 호감도를 결정할 때 같이 나눈 이야기의 내용보다 상대의 <u>표정, 눈빛, 제스처</u>가 더 중요시된다는 연구 결과가 발표됐다.

① 실시간 소통　　② 언어적 요소　　③ 비언어적 요소　　④ 비대면 의사소통

8.
암기 위주의 교육은 의미도 모르는 채 주어진 정보만을 <u>소극적으로 받아들이는</u> 학생을 양산할 수 있다.

① 논리적으로 분석하는　　② 독창적으로 이해하는
③ 수동적으로 수용하는　　④ 효율적으로 전달하는

9.
이번 피겨 스케이팅 경기는 심사 위원이 <u>특정 선수의 편에 치우쳐</u> 판정했다는 비판을 받고 있다.

① 비판적으로　　② 윤리적으로
③ 정서적으로　　④ 편파적으로

10.
여자 친구로부터 갑자기 헤어지자는 말을 들은 채민이의 <u>표정이 굳어졌다</u>.

① 얼굴이 탔다　　② 얼굴이 부었다
③ 얼굴이 빨개졌다　　④ 얼굴이 어두워졌다

[11~13] 다음 (   )에 공통적으로 들어갈 단어를 고르세요.

11.
- 한글의 자음은 발음 기관의 모양을 (   ) 만들어졌다.
- 이번에 새로 나온 그릇의 무늬는 푸른 지구를 (   ) 만들었다.
- 아이들은 부모의 행동을 (   ) 마련이므로 아이들 앞에서는 언행을 조심해야 한다.

① 겸하다   ② 본뜨다   ③ 본받다   ④ 퍼붓다

12.
- 낡은 아파트를 (   ) 새로운 아파트를 지었다.
- 가족 간의 마음의 벽을 (   ) 위해서는 대화가 필요하다.
- 이번 콘서트는 클래식과 대중음악의 경계를 (   ) 평가를 받았다.

① 늦추다   ② 버리다   ③ 부수다   ④ 허물다

13.
- 그 소년은 자주 말썽을 (   ) 야단을 맞곤 한다.
- 병문안을 갔더니 친구가 힘겹게 몸을 (   ) 나를 맞아 주었다.
- 사회의 어두운 부분을 그린 영화 〈결심〉은 사회적으로 큰 반향을 (   ) 있다.

① 가져오다   ② 생겨나다   ③ 일어나다   ④ 일으키다

[14~15] 밑줄 친 부분이 어색한 것을 고르세요.

14.
① 그는 언뜻 보면 연예인 B 씨를 닮았다.
② 글을 쓸 때는 핵심을 간결하게 쓰는 것이 좋다.
③ 가뜩이나 기분이 좋은데 선물까지 받아 더 행복해졌다.
④ 배고픈 상태에서 맛있는 음식을 보니 저절로 침이 고였다.

15.
① 리모컨이 작동하지 않아 배터리를 갈았다.
② 팀원들은 서로 힘을 합하여 프로젝트를 완성했다.
③ 나이가 같았던 우리는 서로 친해진 뒤 말을 높였다.
④ 바라던 회사에 취직했으니 이곳에서 나의 꿈을 펼치겠다.

문법과 표현
Grammar & Expression

▶ 정리하기

✎ 다음에서 알고 있는 문법과 표현에 ✔ 해 보세요.

3-1과

| 동-기 일쑤(이)다 | ☐ 내 룸메이트는 아침잠이 많아서 **지각하기 일쑤이다**. |
| 동-는다든지 동-는다든지 하다,
형-다든지 형-다든지 하다 | ☐ 친구를 만나면 밥을 **먹는다든지** 영화를 **본다든지 하면서** 시간을 보낸다. |

3-2과

| 명으로 보다 | ☐ 한국어 **실력으로 보면** 루카스는 한국 사람이라고 해도 과언이 아니다. |
| 동-자면 | ☐ 오늘 안으로 일을 **끝내자면** 더 서둘러야 한다. |

4-1과

| 명을 불문하고 | ☐ 시험이 다가오자 **학년을 불문하고** 모든 학생이 학업에 열중하고 있다. |
| 동-는 게 고작이다 | ☐ 한 달 동안 샐러드만 먹었는데 몸무게가 1kg **빠진 게 고작이다**. |

4-2과

| 동-기에는 | ☐ 혼자 **하기에는** 일이 너무 많다. |
| 동-은 후에야 (비로소) | ☐ 몇 달 동안 매달렸던 프로젝트가 **끝난 후에야 비로소** 휴가를 갈 수 있었다. |

▶ 평가하기

[1~2] 다음 (   )에 들어갈 가장 알맞은 것을 고르세요.

1.
> SNS에서 유명한 그 식당 앞에는 항상 사람들이 줄을 서 있어서 그 식당에서 식사를 (   ) 아침 7시부터 대기해야 한다.

① 하자면 ② 할수록 ③ 한답시고 ④ 하느라고

2. 결혼하고 아이를 (　　　　) 어머니의 마음을 이해하게 되었다.

① 낳은 대로　　② 낳은 만큼　　③ 낳은 가운데　　④ 낳은 후에야

[3~4] 다음 밑줄 친 부분과 의미가 비슷한 것을 고르세요.

3. 여러 사람 앞에서 발표할 때면 긴장이 되어서 해야 할 말을 <u>잊어버리기 일쑤였다</u>.

① 잊어버리곤 했다　　　　　　② 잊어버릴 뻔했다
③ 잊어버린 셈이었다　　　　　④ 잊어버렸으려니 했다

4. <u>전공을 불문하고</u> 영어는 누구나 공부해야 하는 과목이다.

① 전공에 한하여　　　　　　② 전공으로 보면
③ 전공에 상관없이　　　　　④ 전공은 물론이고

[5~7] 알맞은 표현을 골라서 대화를 완성하세요.

> -기 일쑤(이)다　　　-는 게 고작이다　　　-다든지 -다든지 하다　　　으로 보다

5. 가: 은퇴한 후에 어떤 곳에서 살고 싶어?
　　나: 음, _____ 조건도 중요하지만 이웃과 얼마나 가깝게 지낼 수 있는지가 더 중요할 것 같아.

6. 가: 지난주에 신입 사원 채용 공고가 나갔죠? 지원한 사람이 많아요?
　　나: 지금까지 두 명 _____. 그래도 지원자들의 이력*은 훌륭하더라고요.

7. 가: 이사했다고 했지? 새집은 어때?
　　나: _____ 지하철역이 가까워서 좋은데 건물이 오래돼서 시설이 낡은 점은 별로야.

　이력: 지금까지 거쳐 온 학업, 직업, 경험 등의 경로나 경력.

듣기 Listening

[1] 다음을 듣고 질문에 답하세요.

1. 무엇에 대해 이야기하고 있는지 고르세요.

   ① 한국인의 언어 습관　　　　② 한국어 어휘의 다양성
   ③ 높임을 표현하는 방법　　　④ 한국어에 반영된 유교 문화

[2~3] 다음 대화를 듣고 질문에 답하세요.

2. 남자의 태도로 알맞은 것을 고르세요.

   ① 상대방의 주장을 전혀 인정하려 하지 않는다.
   ② 일관된 시각으로 자신의 주장을 이야기하고 있다.
   ③ 조사 결과를 들어서 상대방의 주장을 반박하고 있다.
   ④ 상대방의 의견을 수용하고 해결 방법을 제시하고 있다.

3. 여자의 중심 생각으로 알맞은 것을 고르세요.

   ① 추천 알고리즘을 통해 유대감을 형성할 수 있다.
   ② 추천 알고리즘을 통해 검색 시간을 절약할 수 있다.
   ③ 추천 알고리즘은 사람들이 다양한 의견을 갖는 것을 막는다.
   ④ 추천 알고리즘은 정보가 넘치는 시대에 꼭 필요한 기능이다.

[4~5] 다음 뉴스를 듣고 질문에 답하세요.

4. 이 뉴스의 중심 내용으로 알맞은 것을 고르세요.

   ① 청소년은 창의적 사고를 길러야 한다.
   ② 청소년에게 미디어는 교육적 효과가 없다.
   ③ 청소년이 미디어의 새로운 소비 주체가 되고 있다.
   ④ 청소년이 미디어 콘텐츠 생산에 적극 참여하고 있다.

5. 들은 내용과 일치하는 것을 고르세요.

   ① 청소년이 가장 많이 생산하는 콘텐츠 종류는 사진이다.
   ② 청소년은 진로를 위해 미디어 콘텐츠를 공유하기도 한다.
   ③ 대부분의 청소년은 존재감을 알리기 위해 콘텐츠를 공유한다.
   ④ 전문가는 미디어가 청소년의 놀이 문화가 되는 것에 우려를 표한다.

 유교: 중국 공자의 가르침에 관한 사상을 종교적인 관점에서 가리키는 말.　　**찜찜하다**: 마음에 걸려 언짢은 느낌이 있다.

읽기 Reading

[1~2] 다음 글을 읽고 질문에 답하세요.

> 한글의 과학성과 체계성은 일찍이 세계적으로 인정받아 왔지만, 디지털 정보화 시대에 들어서면서 그 가치가 더욱 빛나고 있다.
>
> 먼저 휴대 전화의 한글 자판에는 훈민정음의 창제 원리가 적용된다. 열 개 또는 열두 개의 자판에 획 더하기 원리와 모아쓰기 방법이 사용되어 천지인 방식은 열일곱 자, 나랏글 방식은 열두 자만으로 모든 문자의 조합이 가능하다. 그 덕분에 한글은 다른 언어에 비해 컴퓨터나 스마트폰에 더 빠르게 입력할 수 있으며 컴퓨터의 정보 처리에 있어서도 효율적이다.
>
> 또한 음성 인식 기술을 활용할 때에도 한글은 그 진가를 발휘한다. 한글은 한 글자에 대응되는 음의 숫자가 적은 편이어서 음성 인식 작업이 더 쉽고 편리하기 때문이다. 예를 들어 컴퓨터가 한국어 '아기'라는 단어를 읽을 때는 단어에 대한 사전 정보가 없어도 문자를 그대로 음성으로 바꿀 수 있다. 그러나 영어 단어 'baby'를 읽을 때는 철자 'a'가 '아, 애, 에이, 어' 등 (   ) 컴퓨터가 해당 단어가 어떻게 소리 나는지에 대한 사전 정보를 갖고 있어야 음성 인식 변환이 가능하다.
>
> 이렇듯 한글이 상대적으로 수월하게* 디지털 시스템에 적용될 수 있다는 점은 오늘날 한국이 정보 통신 강국의 자리에 오른 데 한몫했다고 해도 과언이 아니다.

1. 이 글의 제목으로 알맞은 것을 고르세요.
① 정보화 시대의 한글
② 훈민정음의 창제 원리
③ 음성 인식 기술의 발전
④ 한글의 자판 입력 방식

2. (   )에 들어갈 내용으로 알맞은 것을 고르세요.
① 인공 지능 기술이 상용화됐으므로*
② 다양한 발음으로 읽힐 수 있으므로
③ 맞춤형 스마트 기술을 도입했으므로
④ 자동으로 음성을 인식할 수 있으므로

수월하다: 까다롭거나 힘들지 않아 하기가 쉽다.   **상용화되다**: 일상적으로 쓰이게 되다.

[3~5] 다음 글을 읽고 질문에 답하세요.

> 최근 온라인상의 허위 정보 증가 문제와 이에 따른 위험성이 제기되면서 미디어 문식성의 중요성이 강조되고 있다. (㉠) 미디어 문식성을 기르기 위해서는 먼저 정보의 의도를 잘 파악해야 한다. 얼핏 제목만 보면 정보를 전달하는 기사로 보이지만 자세히 읽어 보면 제품을 판매하기 위한 광고성 기사인 경우가 흔하다. (㉡) 두 번째로 정보의 신뢰성을 판단해야 한다. 정보의 출처가 신뢰할 수 있는 곳인지를 먼저 살펴보고 미심쩍은* 기사의 경우 사실 여부를 직접 확인하거나 사실 여부를 확인해 주는 공신력* 있는 사이트를 통해 알아볼 것을 추천한다. (㉢) 마지막으로 가장 중요한 것은 콘텐츠를 비판적으로 수용하는 태도이다. 미디어에서는 소비자들의 관심을 끌기 위해 사실을 과장한다든지 자극적인 콘텐츠를 여과 없이 보여 준다든지 하는 경우가 있다. 따라서 자신이 소비하는 콘텐츠가 타인의 사생활을 침해하거나 명예를 훼손하지는 않는지 스스로 판단하는 것이 중요하다. (㉣)

3. 이 글을 쓴 목적으로 알맞은 것을 고르세요.
   ① 미디어 문식성의 필요성을 강조하기 위해
   ② 신뢰할 만한 미디어 콘텐츠를 추천하기 위해
   ③ 미디어 사용 실태의 문제점을 지적하기 위해
   ④ 미디어 문식성을 기르는 방법을 소개하기 위해

4. 이 글의 내용과 일치하는 것을 고르세요.
   ① 온라인상의 허위 정보는 감소세를 보이고 있다.
   ② 광고성 기사인지 여부는 제목을 보고 판단할 수 있다.
   ③ 미디어는 소비자의 관심을 끌기 위해 사실을 과장하기도 한다.
   ④ 의심스러운 정보의 사실 여부를 확인할 수 있는 사이트는 존재하지 않는다.

5. 이 글에서 보기 의 글이 들어가기에 가장 알맞은 곳을 고르세요.

   > 보기 미디어 문식성이란 다양한 매체의 메시지에 접근해 이해, 분석, 평가할 수 있는 능력을 말한다.

   ① ㉠   ② ㉡   ③ ㉢   ④ ㉣

 미심쩍다: 분명하지 못해 마음이 놓이지 않는 데가 있다.   **공신력**: 사회적으로 신뢰를 받을 수 있는 능력이나 힘.

쓰기 Writing

✎ **다음 주제로 글을 쓰세요. (600~700자)**

디지털 시대를 맞이하여 소통 방식의 변화와 함께 수업의 방식도 바뀌고 있습니다. 다음을 참고하여 온라인 수업의 장단점을 써 보세요.

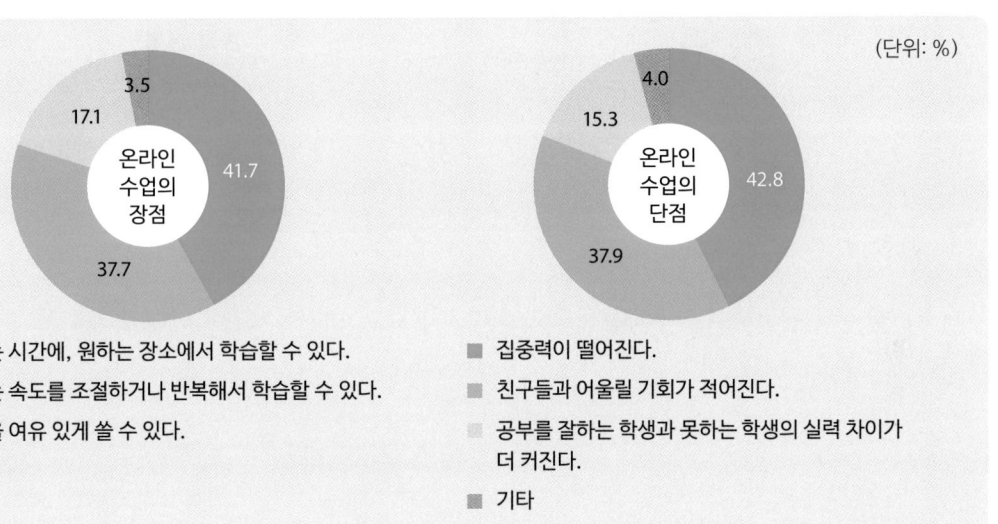

말하기 과제
Speaking Task

3분 뉴스를 만들어 봅시다.

준비하기 3~4명이 한 조가 됩니다. 한국 생활 및 한국어 학습과 관련하여 뉴스 주제를 정해 보세요.

| 전공별 취업률 현황 | 한국어 능력 시험 정보 | 한국 생활 정보 | ? |

활동하기

1. 뉴스를 통해 전달하고 싶은 내용을 각자 이야기해 보고, 의견을 종합하여 취재 계획을 세워 보세요.

뉴스 취재 계획

취재 내용	
취재 대상	
취재 방법 (설문 조사, 인터뷰, 자료 검색 등)	
취재 준비 및 기타 사항	

2. 취재한 내용을 정리하여 기사문을 작성해 보세요.

전문	기사 내용 요약	

본문	세부 내용	

3. 기사문을 바탕으로 뉴스를 제작해 보세요.

1) 역할을 나누어 보세요.

역할 분담	
연출	
촬영	
앵커/기자	
편집	

2) 뉴스를 촬영하고 자막을 넣어 편집해 보세요.

발표하기   조별로 뉴스 영상을 발표해 보세요.

평가하기   가장 잘 만든 뉴스를 뽑고 그 이유를 이야기해 보세요.

제작 의도에 맞는 결과물을 완성했다.	☆☆☆☆☆
시청자에게 유익한 정보를 제공했다.	☆☆☆☆☆
뉴스 영상의 자막을 적절하게 표기했다.	☆☆☆☆☆
뉴스 내용을 정확하고 유창하게 전달했다.	☆☆☆☆☆

5 예술과 삶

5-1 우리 삶 속의 예술

5-2 삶의 공간과 흔적

	어휘	예술의 기능, 공공 예술
5-1	문법과 표현	명을 명으로 삼다 형-으면서(도)
5-2	어휘	묘사, 인상
	문법과 표현	형-기(가) 이를 데 없다 동형-으리라

어휘 Vocabulary

1. 관계있는 것끼리 연결하고 문장을 완성해 보세요.

감성을	들여다보다	마음의 병을 낫게 하다
공감대를	지니다	서로 같은 감정, 의견, 주장을 가지는 부분을 만들다
내면을	소통하다	(정치인이나 연예인 등이) 많은 사람과 생각이나 의견을 주고받다
대중과	치유하다	실제적인 쓸모를 갖다
마음을	키우다	사람의 속마음을 자세히 살펴보다
실용성을	형성하다	외부 세계의 자극이나 변화를 느끼는 성질을 기르다

1) 겉으로 강해 보이는 사람도 그 <u>내면을 들여다보면</u> 부드러운 경우가 많다. 이런 사람들을 외강내유형이라고 한다.

2) 예전에 나는 여행지에서 주로 모양이 예쁜 기념품을 샀지만, 지금은 단순히 예쁘기만 한 것보다는 _____ 것을 사 온다.

3) 심리 상담에 대한 인식이 예전보다는 좋아졌지만 여전히 이를 부정적으로 보는 시선이 있다. 그러나 몸이 아플 때 병을 치료하는 것처럼 마음이 아플 때 _____ 것이 심리 상담이므로 안 좋게 볼 이유가 없다.

4) 21세기는 성공하기 위해서 지식만큼 감성도 중요한 시대이다. _____ 위해서는 공부만 할 것이 아니라, 사람들과 교류하는 기회를 늘리고 드라마나 영화, 책 등을 많이 접하는 것이 좋다.

5) 이번 대통령은 SNS 등을 통해서 _____ 노력을 많이 하고 있다. 국민과 _____ 못하면 국민의 지지를 얻지 못하기 때문이다.

2. 알맞은 말을 골라 인터뷰를 완성해 보세요.

> 매개체가 되다   정서적 안정을 얻다   (지역을 활성화하다)

기　자: 오늘은 '쓰담 달리기', 즉 플로깅 활동을 하고 계신 김정순 씨를 모시고 이야기해 보겠습니다. 안녕하세요? 우선, 쓰담 달리기가 무엇인지 설명 부탁드립니다.
김정순: 쓰담 달리기는 조깅을 하면서 길가에 버려진 쓰레기를 치우는 활동을 말합니다.
기　자: 그렇군요. 쓰담 달리기를 하면 어떤 점이 좋은가요?
김정순: 우선 1) __지역을 활성화할__ 수 있습니다. 쓰레기가 많아 사람들에게 외면당하던 장소도 깨끗해졌다는 소문이 나면서 사람들이 다시 찾기 시작하는 경우가 많습니다. 둘째로는 이런 활동이 2) _____ 동네 사람들이 하나 되는 경험을 할 수 있습니다. 그동안 서로 몰랐던 이웃들이 이 활동을 통해 가까워지는 것이죠.
기　자: 아주 좋은 활동이네요. 그런데 돈을 받고 하는 일도 아닌데 힘들지는 않으신가요?
김정순: 전혀 안 힘들어요. 동네가 깨끗해진 것을 보면 마음이 편안해지고 3) _____ 되더라고요.

기　자: 그렇군요. 좋은 활동을 해 주셔서 감사합니다. 앞으로도 깨끗한 동네를 만들어 주시기 바랍니다.

3. 알맞은 말을 골라 글을 완성해 보세요.

> (사회를 비판하다)   시대상을 반영하다   현실을 풍자하다

책 소개

《우리들의 일그러진 영웅》은 한 시골 초등학교에서 힘이 센 반장 '엄석대'가 잘못된 권력으로 학생들을 복종시키고* 자기가 원하는 대로 반을 이끌어 가다가 결국 몰락하고* 마는 이야기를 그린 소설이다.

이 소설을 초등학생의 성장 소설이라고 볼 수도 있지만, 자세히 분석해 보면 1) __사회를 비판하는__ 소설에 가깝다. 사회에 대한 문제의식이 충분히 들어가 있기 때문이다. 소설의 배경이 되는 1959~1960년은 이승만 정권이 독재*를 위해 부정부패를 일삼던 시기였다. 작가는 이러한 2) _____ 권력이라는 소재를 초등학교 교실에 빗대어* 표현했다. 즉 초등학교 교실의 모습을 통해 당시의 부조리한* 3) _____ 것이다.

📝 **복종시키다**: 다른 사람의 명령이나 의견을 그대로 따르게 하다.　**몰락하다**: 권력이나 세력 등이 약해져 가치가 없어지다.
독재: 특정한 개인이나 집단 등이 어떤 분야에서 모든 권력을 차지하고 마음대로 일을 처리함.
빗대다: 어떤 것을 직접 말하지 않고 비슷한 끌어와 그것에 비유해서 말하거나 에둘러서 말하다.　**부조리하다**: 이치에 맞지 않다.

문법과 표현 1  명을 명으로 삼다

1. 다음과 같이 대화를 완성해 보세요.

1) 가: 이번 졸업 전시회의 주제가 무엇입니까?
   나: <u>그동안의 경험을 발판으로 삼아</u> 앞으로 나아가자는 것이 이번 전시회의 주제입니다.
   (그동안의 경험, 발판)

2) 가: 오늘 경기 잘 봤습니다. 앞으로의 계획은 무엇입니까?
   나: _____ 더 열심히 연습할 계획입니다.
   (손흥수 선수, 롤 모델)

3) 가: 작가님, 연이어* 드라마가 성공할 수 있었던 비결이 무엇입니까?
   나: 식상한* 소재가 아닌 '도깨비', '구미호' 등 _____
   (그동안 다뤄지지 않은 것들, 소재)
   시청자들의 관심을 끌 수 있었던 것 같습니다.

4) 가: 오늘은 '펫사랑푸드'의 김은수 회장님 모셨습니다. 회장님의 경영 원칙은 무엇입니까?
   나: 저희 회사는 제품을 개발할 때 _____ 있습니다.
   (안전한 먹거리 제공, 제1의 원칙)

5) 가: 팬데믹 시기에는 온라인 수업, 자가 격리* 등 우리의 삶에 찾아온 변화가 위기처럼 느껴졌는데요. 교수님께서는 어떻게 극복하셨습니까?
   나: 부정적으로만 받아들이지 말고 _____ 앞으로 나아가야
   (위기, 기회)
   한다는 생각으로 이겨 냈습니다.

연잇다: 어떤 일이나 상태가 끊이지 않고 계속되다.   **식상하다**: 같은 일이 되풀이되어 싫증이 나다.
자가 격리: (전염병 등을 이유로) 밖에 나가지 못하고 집 안에서 생활하는 것.

2. 알맞은 말을 골라 신문 기사의 제목을 완성해 보세요.

거울*   목표   원동력*   좌우명*

1) 오디션에서 아깝게 탈락했던 연습생들, 실패를 <u>거울로 삼아</u> 포기하지 않고 다시 한번 도전해 볼 것을 다짐해

2) 이철호, '지성이면 감천이다*'를 _____ 노르웨이에서 사업가로 성공해

3) 프로 야구 선수 출신 정승배, 감독이 되는 것을 _____ 일본으로 유학 떠나

4) 2000년대생의 새로운 가치관을 사회 변화의 _____ 새 시대를 만들어 나가야

3. 위 문법을 사용하여 이야기해 보세요.

- 여러분의 롤 모델은 누구입니까? 왜 그 사람을 롤 모델로 정했습니까?
- 여러분의 좌우명은 무엇입니까? 왜 그것을 좌우명으로 정했습니까?
- 여러분의 올해 목표는 무엇입니까? 왜 그것을 목표로 정했습니까?

> 저는 아버지를 롤 모델로 삼고 있습니다. 아버지는 '작은 거짓말은 언젠가 큰 거짓말이 된다'는 말을 좌우명으로 삼아 평생을 정직하게 사신 분입니다. 저도 그런 아버지를 본받아 거짓 없는 삶을 살기 위해 노력하고 있습니다.

거울: (비유적으로) 모범이나 교훈이 될 만한 것.   **원동력**: 어떤 움직임의 바탕이 되는 힘.
좌우명: 항상 옆에 두고 가르침이나 교훈으로 삼는 말이나 문장.
지성이면 감천이다: 무슨 일이든 최선을 다하면 아주 어려운 일도 순탄하게 풀리어 좋은 결과를 맺는다.

문법과 표현 ② 형-으면서(도)

1. 다음과 같이 대화를 완성해 보세요.

1) 가: '시원섭섭하다'는 말을 들었는데, 무슨 뜻이야?
   나: <u>속이 시원하면서도 섭섭하다는</u> 뜻이야.
   　　(속이 시원하다*, 섭섭하다)

2) 가: 드디어 시험이 끝났네. 축하해.
   나: 시험이 끝나니 _____.
   　　　　　　　　　　(홀가분하다, 결과가 걱정되다)
   가: 잘 봤을 거야. 결과 나올 때까지 걱정하지 말고 쉬어.

3) 가: 요즘 아이돌 그룹 BNT가 폭발적인 인기를 끌고 있는데요. 인기의 비결이 뭐라고 생각하십니까?
   나: _____ 매력이 팬들을 사로잡은 것 같습니다.
   　　(카리스마 있다, 부드럽다)

4) 가: 이번 주 월요일부터 열리고 있는 한국 공예 대전에 관람객들의 발길이 끊이지 않습니다. 최희원 기자, 관람객들의 반응이 가장 좋은 전시는 어떤 분야입니까?
   나: 최근 바느질이 트렌드인 만큼 섬유* 분야에 대한 관심이 가장 뜨겁습니다. 바느질해 만든 가방, 앞치마, 쿠션 커버 등 _____
   　　　　　　　　　　　　　　(실용적이다, 감각적이다)
   디자인을 선보이고 있습니다.

5) 가: 요즘 여행업계가 구인난*을 겪고 있다고 하는데요, 이런 현상의 원인은 뭐라고 생각하십니까?
   나: 최근 여행을 즐기는 사람이 급증했는데도 여행업계 종사자에 대한 대우는 조금도 달라지지 않았습니다. _____
   　　　　　　　　　　(근무 시간이 길다, 임금은 적다)
   여행업계가 구인난을 겪는 것은 당연한 결과로 보입니다.

속이 시원하다: 어떤 일이 뜻대로 되거나 걱정이 사라져서 기분이 좋다.
섬유: 주로 천이나 의류의 재료가 되는 가늘고 긴 실 모양의 물질.
구인난: 일할 사람을 구하기 어려운 상황.

2. 다음과 같이 글을 완성해 보세요.

SNU 뉴스

| 정치 | 사회 | 경제 | 국제 | **문화** | 연예 | 스포츠 |

'한식 카페 THE 서울' 인기

한국의 전통 다과*를 현대식으로 재해석한 '한식 카페 THE 서울'이 SNS상에서 화제가 되고 있다. 이 카페는 우리에게 친숙한 한과, 떡, 전통 차 등을 뛰어난 맛과 세련된 모양으로 재탄생시키며 젊은 층의 입맛까지 사로잡았다. 한과와 떡은 1) <u>화려하면서도</u> 소박한 전통 색감을 띠고 있다. 설탕 대신 꿀을 넣어서 2) _____ 비교적 칼로리가 낮아 다이어트를 하는 사람들에게도 인기가 많다. 인기 메뉴인 '쑥라테'는 씁쓸한* 쑥의 독특한 향이 부드러운 우유와 조화를 이룬다. 또한 카페 건물은 한옥을 개조한 것으로,* 3) _____ 현대적인 아름다움이 어우러져 있어 사진 찍기 좋은 장소로도 유명하다.

3. 위 문법을 사용하여 다음 주제에 대해 이야기해 보세요.

- 다니고 싶은 직장
- 이상형
- 좋아하는 맛
- 살고 싶은 도시
- 선호하는 패션 스타일

> 저는 스트레스가 적으면서도 자기 계발의 기회가 많은 직장에 다니고 싶어요. 스트레스가 많으면 그만큼 몸과 마음이 빨리 지칠 수 있기 때문이에요. 퇴근 시간이 일정해서 저녁이 있는 삶을 가질 수 있는 직장, 근무 환경이 잘 갖추어진 직장이면 좋겠어요.

다과: 차와 과자를 아울러 가리키는 말. **씁쓸하다**: 맛이 조금 쓰다. **개조하다**: 고쳐 만들거나 바꾸다.

어휘 Vocabulary

1. 사진을 보고 알맞은 말을 골라 문장을 완성해 보세요.

> 경이롭다   소박하다   (압도되다)   완벽하다   조화를 이루다

1)  미국의 그랜드 캐니언을 보고 자연이 오랜 시간에 걸쳐 이렇게 멋진 경치를 만들어 냈다는 것에 신비로움을 느꼈다. 그리고 그 웅장함에 <u>압도되었다</u>.

2)  도시의 화려한 분위기를 싫어하지는 않지만, 나는 <u>소박한</u> 시골의 분위기를 느끼면서 여행하는 것이 더 좋다.

3)  신사임당이 그린 〈초충도〉에는 식물과 곤충이 <u>조화를 이루고</u> 있으며 작은 부분 하나하나까지 섬세하게 묘사돼 있다.

4)  유럽 여행에서 오로라를 보러 갔던 때가 가장 기억에 남는다. 마치 이 세상에 없는 장면처럼 <u>경이로웠다</u>.

5)  제인은 한국어를 <u>완벽하게</u> 구사하지는 못하지만, 한국에서 생활하는 데 불편함이 없을 정도의 실력은 된다.

2. 사진을 보고 알맞은 말을 골라 대화를 완성해 보세요.

> 네모반듯하다   (짤막하다)   군더더기가 없다   대칭을 이루다

1)
가: 입사 후 첫 보고서인데 어떻게 써야 할지 막막해요. 좋은 보고서를 쓰려면 어떻게 해야 할까요?
나: 보고서는 길게 쓰기보다 핵심만 넣어서 <u>짤막하게</u> 쓰는 것이 좋아요. 그리고 필요 없는 말은 빼고 _____ 써야 돼요.

2)
가: 옆집에서 이사 왔다고 떡을 가져왔네요. 이사 온 집에서 떡을 돌리는 건 한국의 전통 풍습인가요?
나: 맞아요. 요즘엔 거의 사라졌지만, 제가 어렸을 때는 이사 온 집에서 따뜻한 시루떡을 _____ 썰어 이웃들에게 나눠 주는 모습을 자주 볼 수 있었어요.

3)
가: 이 건물은 옛 서울역이에요. 지금은 전시 공간으로 이용되고 있죠. 건물이 정말 아름답지 않나요?
나: 네. 특히 좌우가 _____ 있는 것이 건물을 더 아름답게 보이게 하네요.

3. 알맞은 말을 골라 글을 완성해 보세요.

> 강렬한 인상을 남기다   기품이 있다   (조형미가 뛰어나다)

시드니 여행안내

볼거리: 오페라하우스
시드니를 대표하는 랜드마크인 오페라하우스는 1) <u>조형미가 뛰어나다</u>. 돛 모양의 지붕이 바다와 조화를 이루고 있어서 관광객에게 인기가 많다.

즐길 거리: 뮤지컬 〈시드니〉
뮤지컬 〈시드니〉에서는 주인공 역을 맡은 배우 크리스티나의 우아하면서도 2) _____ 매력을 느낄 수 있다. 이 배우의 열정적인 연기는 관객에게 3) _____. 그래서 이 배우의 공연을 '한 번도 안 본 사람은 있어도 한 번만 본 사람은 없다'는 말이 있을 정도이다.

문법과 표현 3   형-기(가) 이를 데 없다

1. 다음과 같이 문장을 완성해 보세요.

1) 서울대학교미술관의 건물 형태는 <u>독특하기가 이를 데 없다</u>.
   (독특하다)

2) 어린 나이에 돈을 벌어야 하는 아이를 보니 _____.
   (안쓰럽다)

3) 오랜만에 등산을 하면서 맑은 공기를 마시니 _____.
   (상쾌하다)

4) 나 때문에 친구가 중요한 약속을 지킬 수 없게 돼서 _____.
   (미안하다)

5) 새로 산 지 일주일밖에 되지 않은 스마트폰을 떨어뜨렸다. 깨진 액정을 보니 _____.
   (속상하다)

6) 동생이 배가 고픈지 갑자기 울기 시작했다. 내가 울린 것도 아닌데 엄마는 동생을 왜 울렸느냐고 하면서 나를 혼내셨다. 정말 _____.
   (억울하다*)

억울하다: 아무 잘못 없이 혼이 나서 화가 나고 답답하다.

2. 위의 문법을 사용하여 글을 완성해 보세요.

안녕하세요. 배우 강하율입니다. 먼저 논문 표절이라는 안 좋은 일로 인사를 드리게 되어 1) _____. 이번 일로 제가 다른 사람의 아이디어나 문장을 훔치는 사람이라고 생각하실까 두려운 마음이 앞섰지만, 지금까지 저를 사랑해 주신 팬분들께 사죄하는* 마음으로 이렇게 용기 내서 글을 씁니다. 논문을 쓰는 동안 표절에 해당하는 행위임을 인지하지 못하고 인용 출처를 밝히지 않은 것은 모두 제 잘못입니다. 꼼꼼하게 확인하지 못한 저 자신이 창피하고 여러분 보기가 2) _____.

이런 제 모습에 몹시 속상하시겠지만, 여러분께서 해 주신 말씀들 모두 연기를 더 열심히 하라는 채찍질*로 받아들이고 당분간 저 자신을 돌아보는 시간을 갖겠습니다. 다시 한번 많은 분께 걱정을 끼쳐 죄송하다는 말씀 드립니다.

3. 여러분이 본 영화 중에서 하나를 골라 별점을 주고, 위 문법을 사용하여 후기를 남겨 보세요.

보기

공룡을 구출하라
★★★★☆

정교하기 이를 데 없는 공룡의 모습이 인상 깊다. 동굴과 화산에서 공룡들이 도망치는 모습을 뛰어난 영상 기술로 실감 나게 보여 준다. 그러나 전체적인 스토리가 단순해서 공룡에 관심이 없는 사람에게는 다소 지루할 수 있다.

☆☆☆☆☆

사죄하다: 지은 죄나 잘못에 대해 용서를 빌다.
채찍질: 다른 사람이 어떤 일을 서둘러 하게 다그치거나, 다른 사람의 기운이나 정신 등을 높여 주기 위해 하는 일을 비유적으로 가리키는 말.

문법과 표현 ❹ 동형 -으리라

1. 다음과 같이 문장을 완성해 보세요.

> 높아지다   반발하다*   심각하다   위축되다   (지속되다)

1) 이번 정상 회담*이 성공하지 않으면 두 나라 간의 냉랭한* 관계가 <u>지속되리라</u> 전망한다.

2) 이번 토픽(TOPIK) 시험은 예전보다 쉽게 출제됐으므로 합격률이 _____ 본다.

3) 요즘 물가가 폭등하고 있다. 따라서 국민들의 소비가 _____ 예측된다.

4) 가뭄으로 인해 농작물* 수확량이 감소했다는 보도를 보니 농가의 경제적 피해가 _____ 짐작된다.

5) 회사의 경영난으로 구조 조정을 통한 인원 감축*을 실시하게 됐다고 한다. 회사의 이런 조치*에 직원들이 강력히 _____ 짐작된다.

 반발하다: 어떤 상태나 행동 등에 대하여 반대하다.
냉랭하다: 태도 등이 정답지 않고 매우 차다.
감축: 어떤 것의 수나 양을 줄임.
정상 회담: 여러 나라의 가장 지위가 높은 인물들이 모여서 하는 회담.
농작물: 논이나 밭에 심어서 기르는 곡식이나 채소.
조치: 벌어진 일에 대한 적절한 대책.

2. 다음과 같이 노래 가사를 완성해 보세요.

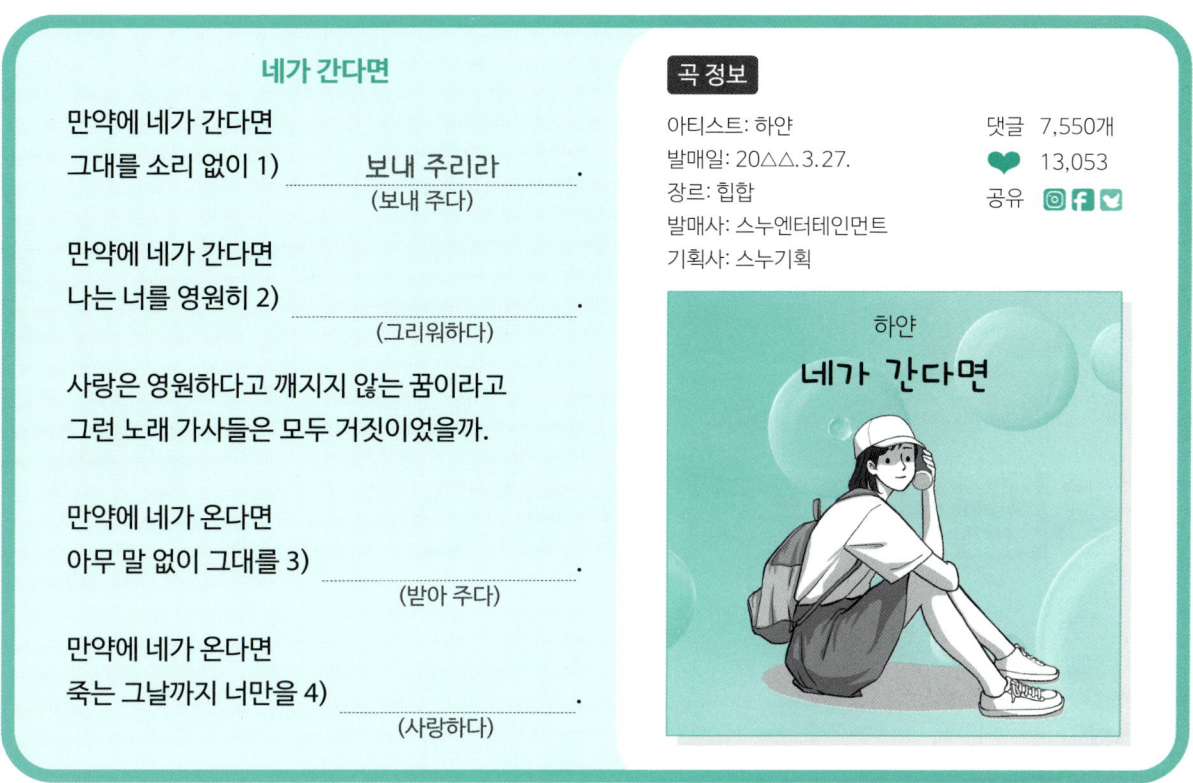

네가 간다면

만약에 네가 간다면
그대를 소리 없이 1) _____보내 주리라_____.
　　　　　　　　　　(보내 주다)

만약에 네가 간다면
나는 너를 영원히 2) _____.
　　　　　　　　　　(그리워하다)

사랑은 영원하다고 깨지지 않는 꿈이라고
그런 노래 가사들은 모두 거짓이었을까.

만약에 네가 온다면
아무 말 없이 그대를 3) _____.
　　　　　　　　　　(받아 주다)

만약에 네가 온다면
죽는 그날까지 너만을 4) _____.
　　　　　　　　　　(사랑하다)

곡 정보

아티스트: 하얀
발매일: 20△△.3.27.
장르: 힙합
발매사: 스누엔터테인먼트
기획사: 스누기획

댓글 7,550개
♥ 13,053
공유

3. 지금 알고 있는 것을 과거에 알았다면 여러분은 어떤 선택을 했을 것 같습니까? 위 문법을 사용하여 다음과 같이 시를 써 보세요.

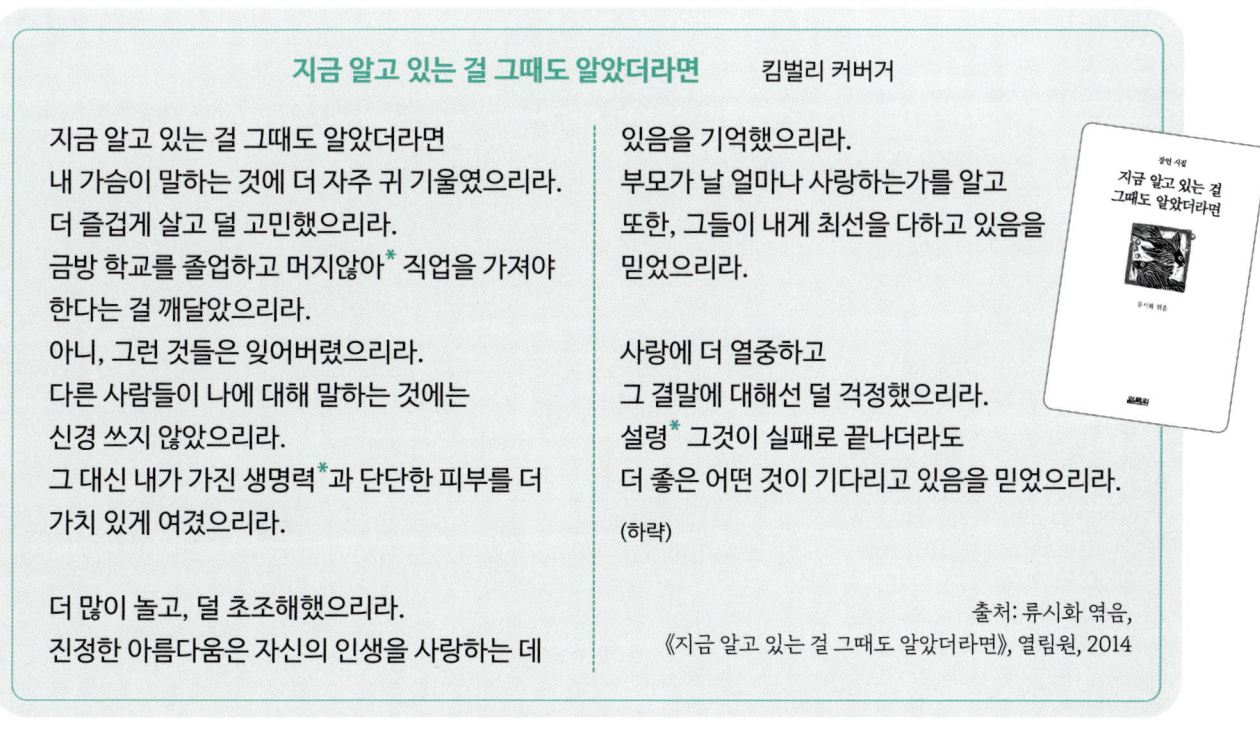

지금 알고 있는 걸 그때도 알았더라면　　킴벌리 커버거

지금 알고 있는 걸 그때도 알았더라면
내 가슴이 말하는 것에 더 자주 귀 기울였으리라.
더 즐겁게 살고 덜 고민했으리라.
금방 학교를 졸업하고 머지않아* 직업을 가져야
한다는 걸 깨달았으리라.
아니, 그런 것들은 잊어버렸으리라.
다른 사람들이 나에 대해 말하는 것에는
신경 쓰지 않았으리라.
그 대신 내가 가진 생명력*과 단단한 피부를 더
가치 있게 여겼으리라.

더 많이 놀고, 덜 초조해했으리라.
진정한 아름다움은 자신의 인생을 사랑하는 데

있음을 기억했으리라.
부모가 날 얼마나 사랑하는가를 알고
또한, 그들이 내게 최선을 다하고 있음을
믿었으리라.

사랑에 더 열중하고
그 결말에 대해선 덜 걱정했으리라.
설령* 그것이 실패로 끝나더라도
더 좋은 어떤 것이 기다리고 있음을 믿었으리라.

(하략)

출처: 류시화 엮음,
《지금 알고 있는 걸 그때도 알았더라면》, 열림원, 2014

머지않아: 시간적으로 멀지 않아.　　**생명력**: 생명을 유지하여 나가는 힘.　　**설령**: 가정해서 말하여.

6

지역의 문화와 방언

- 6-1 한국의 지역 문화
- 6-2 한국어의 다양한 모습

	어휘	지역 문화, 지형
6-1	문법과 표현	동형-을지언정
		동-는지라, 형-은지라, 명인지라
6-2	어휘	지역 방언
	문법과 표현	동-는 까닭에, 형-은 까닭에, 명인 까닭에
		명에서 비롯되다

어휘 Vocabulary

1. 알맞은 말을 골라 문장을 완성해 보세요.

> 서민적이다   (향토적이다)   가치를 인정받다   개성이 뚜렷하다   문화유산으로 지정되다

1)
고향과 자연을 소재로 한 이 시에서는 <u>향토적인</u> 정서가 느껴진다.

2)
처음 개량 한복*이 등장했을 때에는 전통적이지 않다는 이유로 그 _____ 못했다.

3)
김밥은 가격이 저렴해서 부담 없이 사 먹을 수 있는 음식이었으나, 요즘은 _____ 음식이라고 부르기 어려울 정도로 값이 올랐다.

4)
시트콤 〈엉뚱한 친구들〉에 등장하는 인물들은 각자의 _____ 친해지기 어려워 보였지만 뜻이 잘 맞아 늘 유쾌한* 웃음거리를 만든다.

5)
석굴암은 독특한 건축미*를 인정받아 1995년에 세계 _____.

개량 한복: 전통적인 한복의 모양이나 재료 등에 변화를 주어 입고 활동하기에 간편하도록 실용적으로 만든 한복.
유쾌하다: 즐겁고 상쾌하다.   **건축미**: 건축물이 지닌 아름다움.

2. 알맞은 말을 골라 글을 완성해 보세요.

> 갯벌   고원   분지   (산맥)   평지

한반도의 지형적 특징

- 국토의 70% 이상이 높은 산으로 이뤄져 있다. 산봉우리*가 길게 연속적으로 이어진 1) __산맥__ 이 동쪽에 높이 솟아 있어서 동고서저의 지형적 특징을 보인다.
- 한국의 하천은 동고서저의 특징으로 인해 대체로 높은 산지가 많은 동쪽에서 낮고 평평한 2) _____ 이/가 많은 서쪽으로 흐른다.
- 한국 산지의 특징으로는 높은 지역에 위치한 평평한 지형인 3) _____ 이/가 발달했다는 점을 들 수 있다.
- 주위가 산으로 둘러싸인 낮고 평탄한* 지역인 4) _____ 이/가 발달했다. 대표적인 예로 한강 유역의 충주, 낙동강 유역의 대구 등을 들 수 있다.
- 서해안은 조수 간만의 차*가 커서 넓은 5) _____ 이/가 발달했다. 따라서 이곳에는 다른 지역에서 찾아볼 수 없는 독특한 생태계가 조성되어 있다.

3. 빈칸에 알맞은 말을 넣어 보세요.

가로 열쇠 →

- 가. 바닷속에 들어가 해삼, 전복, 미역을 따는 것을 직업으로 하는 여자.
- 나. 일정한 사물만이 특별히 갖추고 있음.
- 다. 문화적 발전을 위하여 다음 세대에게 계승할 만한 가치를 가지는 과학, 기술, 전통 등의 문화 또는 사물.
- 라. 지역 ○○○: 한 지역의 일정한 범위 안에서 자연스럽게 이루어진 집단.
- 마. 땅이나 산이 높고 경사가 가파르다.

세로 열쇠 ↓

- a. 바닷가에 맞닿은 지방.
- b. 건물이나 동굴, 무덤 등의 벽에 그린 그림.
- c. 문화 ○○: 평소에 접하지 못했던 여러 분야의 문화를 직접 경험해 보는 일.
- d. 어떤 지역에서 특별히 생산되는 물건.
- e. 땅이 기름지지 못하다.

산봉우리: 산에서 뾰족하게 높이 솟은 부분.   **평탄하다**: 바닥이 평평하다.
조수 간만의 차: 밀물(바닷물이 들어올 때)과 썰물(바닷물이 나갈 때)의 물의 높이의 차이.

6-1. 한국의 지역 문화   111

문법과 표현 1 동형 -을지언정

1. 알맞은 말을 골라 대화를 완성해 보세요.

> 비난하다   어리다   ~~기후 조건이 열악하다~~
> 예산을 줄이다   월급이 적다

1) 가: 알래스카는 기후 조건이 열악하다면서요?
   나: 맞아요. 하지만 <u>기후 조건이 열악할지언정</u> 석유와 천연가스 등의 자원은 풍부해서 경제적 가치가 높은 지역이죠.

2) 가: 작가님, 이번 신작 소설《너무 빨리 철든 이유》는 작가님의 어렸을 때 모습을 고스란히 담은 것이라고 들었습니다.
   나: 그렇습니다. 그때 저는 _____ 나름내로 많은 생각을 했습니다. 그래서 또래보다 성숙한 아이라는 말을 종종 들었고요. 이 소설은 그 당시의 생각을 회상하여* 정리한 자전적* 소설입니다.

3) 가: 최근 한 유명한 화가의 사생활이 문제가 되고 있습니다. 이 문제에 대해서 어떻게 보시는지요?
   나: 화가의 사생활을 _____ 작품 자체의 가치를 폄하해서는* 안 된다고 생각합니다. 작품의 예술성은 화가와는 별개이기 때문입니다.

4) 가: 최근 정부는 예산 부족을 이유로 노인 관련 복지 예산을 축소하겠다고* 발표했습니다. 이에 대한 반발이 상당하다고* 하는데 어떻습니까?
   나: 한국의 노인 복지 예산은 매우 부족한 것이 현실입니다. 다른 분야의 _____ 노인 복지 예산을 줄이면 안 된다는 목소리가 높습니다.

5) 가: 요새는 월급을 많이 준다고 해도 일을 하겠다는 사람이 없어서 구인난에 시달리는 회사가 많다면서요?
   나: 네. 요즘 젊은 세대는 월급이 많다는 이유만으로 직장을 선택하지 않아요. _____ 자기 시간을 여유롭게 가질 수 있고 보람도 느낄 수 있는 일을 선호하는 경우가 더 많지요.

회상하다: 지난 일을 돌이켜 생각하다.
폄하하다: 가치를 깎아내리다.
상당하다: 꽤 많다.
자전적: 자서전의 특징을 갖고 있는 (것).
축소하다: 모양이나 규모 등을 줄여서 작게 하다.

2. 다음과 같이 글을 완성해 보세요.

어느 숲속에 토끼와 거북이가 살고 있었다. 토끼는 자신이 제일 빠르다고 잘난 척하며 지나가던 거북이에게 산꼭대기까지 달리기 시합을 하자고 했다. 거북이는 비록 1) <u>시합에 질지언정</u> 일단 도전해 보겠다고 대답했다.
(시합에 지다)

"출발!" 하는 소리와 함께 거북이는 엉금엉금* 기어갔고* 토끼는 깡충깡충* 뛰어갔다. 한참을 쉬지 않고 달리던 토끼는 숨을 고르기 위해 멈췄다. 뒤를 돌아봤지만, 거북이의 모습은 전혀 보이지 않았다. 토끼는 잠깐 자고 일어나더라도 자신이 이 시합에서 이기리라고 생각하고 나무 그늘에 누워 잠을 잤다. 그때도 거북이는 느리게, 하지만 쉬지 않고 달렸다. 한참을 왔는데도 아직 산꼭대기는 멀게만 보였다. 거북이는 너무 힘들었지만 2) _____ 포기하지는 않겠다고 다짐했다.
(쓰러지다)

결국 부지런히 간 끝에 거북이가 먼저 산꼭대기에 도착했다. 뒤늦게 잠에서 깬 토끼는 산꼭대기로 달려갔지만 시합은 이미 끝난 뒤였다. 토끼는 발을 동동 구르며* 후회했지만 아무 소용이 없었다.

이 이야기를 통해 아무리 3) _____ 실력만 믿고 자만하면* 안 된다는
(능력이 뛰어나다)

것을 알 수 있다. 비록 남보다 재능이 부족하더라도 열심히 자신의 할 일을 하다 보면 좋은 결과를 가져올 수 있다는 교훈을 주는 이야기이다.

3. 위 문법을 사용하여 다음과 같은 상황에 처한 사람에게 조언해 보세요.

- 사업에 실패한 이후로 새로운 도전이 두렵다는 사람에게
- 합격할 가능성이 보이지 않아 취업 준비를 그만두고 싶다는 사람에게
- 축구 선수가 꿈인데 학업과 연습을 병행하는 것이 힘들어서 포기하고 싶다는 사람에게

> 비록 실패했을지언정 도전하는 것을 두려워해서는 안 됩니다. 저도 일곱 번 실패했지만 여덟 번째 사업에서 마침내 성공했습니다. 한 번 실패했다고 해서 도전 자체를 두려워하지 말고, 왜 실패를 하게 됐는지 곰곰이* 따져 본 다음 다시 도전하세요.

엉금엉금: 큰 동작으로 느리게 걷거나 기는 모양.
기어가다: 가슴과 배를 바닥으로 향하고 손이나 팔다리 등을 움직여 앞으로 나아가다.
깡충깡충: 짧은 다리를 모으고 자꾸 힘 있게 뛰는 모양.
자만하다: 자신이나 자신과 관련된 것을 스스로 자랑하며 잘난 체하다.
발을 동동 구르다: 매우 안타깝거나 다급해하다.
곰곰이: 깊이 생각하는 모양.

문법과 표현 ② 동-는지라, 형-은지라, 명인지라

1. 관계있는 것끼리 연결하고 문장을 완성해 보세요.

1) 면접을 처음 보다	친구들에게 한턱냈다*
2) 스티븐은 등산을 좋아하다	주말마다 동호회 사람들과 산에 가다
3) 목표로 했던 학교에 합격하여 기분이 좋다	감기에 걸리는 사람이 많아졌다
4) 일교차가 크다	어디를 가나 차가 많이 막히다
5) 어제 잠을 한숨도 못 잤다*	많이 긴장되다
6) 본격적인 휴가철이다	오늘 수업 시간에 졸았다

1) 면접을 처음 보는지라 많이 긴장된다.

2) _____.

3) _____.

4) _____.

5) _____.

6) _____.

> **한턱내다**: 다른 사람에게 크게 한 차례 음식을 대접하다.　　**한숨도 못 자다**: 조금도 자지 못하다.

2. 다음과 같이 문장을 완성해 보세요.

1) 저출산 현상이 갈수록 <u>심해지는지라</u> 정부는 출산율을 높이기 위해 노력하고 있다.
(심해지다)

2) 아버지가 그림을 워낙 _____ 우리 가족은 자주 미술관에 간다.
(좋아하시다)

3) 티엔은 외국으로 _____ 고향에서 열리는 집안 행사에 참여할 수 없었다.
(유학을 갔다)

4) 한국의 젊은 사람들은 줄임말을 많이 _____ 하는 말을 알아듣기 어려울 때가 있다.
(쓰다)

5) 상대 팀에 대한 정보가 전혀 _____ 경기 전략을 짜는 데 어려움을 겪고 있다.
(없다)

6) 한국과 우리 나라의 _____ 아직도 한국 생활에 적응하기가 힘들다.
(문화 차이가 크다)

3. 위 문법을 사용하여 여러분 고향의 기후와 지형에 대해서 이야기해 보세요.

> 제 고향은 제주도입니다. 제주도는 겨울에도 따뜻한지라 감귤나무처럼 따뜻한 지방에서 자라는 식물이 많이 분포합니다. 또한, 제주도는 화산 지형인지라 용암이 흘러가면서 만들어 낸 동굴이 많습니다. 이런 자연 경관은 관광객에게 매력적인 볼거리를 제공하는지라 매년 휴가철마다 많은 관광객이 방문합니다.

감귤나무

용암 동굴

어휘 Vocabulary

1. 알맞은 말을 골라 대화를 완성해 보세요.

> 독특한 어휘가 있다   (말투가 다르다)   성조가 있다
> 의사소통이 안 되다   의식을 반영하다   장단의 구별이 없다

1) 가: 왜 오빠한테 화가 났어요?
   나: 저한테 말할 때랑 여자 친구와 전화할 때랑 너무 <u>말투가 달라서요</u>. 동생인 저한테도 좀 친절하게 말해 주면 좋을 텐데요.

2) 가: 민준 씨, 제주도 출신이라면서요? 혹시 제주도에서만 쓰이는 _____?
   나: 네. 있어요. 예를 들면 '무사?'라는 말은 표준어로 하면 '왜?'라는 뜻이에요. 재미있죠?

3) 가: 선생님, 혹시 한국 사람들끼리도 출신 지역이 다르면 _____ 경우가 있어요?
   나: 네. 예를 들면 경상도 지역에서는 "맞나?"라고 하면 '그래?'라는 뜻인데 서울 사람들은 이 말을 다른 뜻으로 오해하기도 해요.

4) 가: 선생님, 한국어에는 _____ 들었는데 제 한국인 친구는 '푹 쉬다'에서 '푹'을 길게 발음하던데요. 이렇게 길게 발음하는 경우는 무엇인가요?
   나: '푸욱'처럼 길게 발음해서 느낌을 강조하는 경우는 한국어에도 있죠. 그렇지만 음의 길이에 따라 단어 뜻이 달라지는 경우는 거의 사라졌다고 할 수 있어요.

5) 가: 중국어를 배우기 시작했다면서요? 어때요?
   나: _____ 언어를 배우는 게 너무 어려워요. 똑같이 '마'라고 발음하는데 음절 안에서 소리의 높낮이에 따라 의미가 구분되는 게 저한테는 너무 헷갈려요.

6) 가: 한국 사람들은 '내 집', '내 가족'이라고 안 하고 '우리 집', '우리 가족'이라고 하더라고요. 신기해요.
   나: 그런 표현들은 '우리는 하나'라는 한국인의 공동체 _____ 것이라고 할 수 있어요.

2. 알맞은 말을 골라 글을 완성해 보세요.

> 억양이 세다   정서가 담겨 있다   정취를 느끼다

'고치다'가 아니라 '바꾸다'예요

요즘 방송을 보면 1) <u>억양이 센</u> 사투리를 '고치지' 않고 그대로 쓰는 연예인을 많이 볼 수 있다. 또 사람들도 그 사투리에서 고향의 2) _____ 수 있다며 고치지 말라고 하기도 한다.

사투리를 방송에서 그대로 사용해도 된다고 인식이 바뀐 것은 굉장히 발전적인 일이라고 생각한다. 하지만 여전히 마음에 걸리는 것이 하나 있다. 바로 '고치다'라는 표현이다.

사투리에는 그 지역 사람들의 감정이나 3) _____ 할 수 있다. 그런데 '고치다'라는 단어는 그것이 잘못되었다는 의미를 함축한다. 꼭 표준어를 사용해야 하는 상황이라면 '고친다'가 아니라 사투리에서 표준어로 '바꾼다'고 해야 맞지 않을까? '고친다'는 말 속에 숨어 있는 표준어와 사투리의 불평등한 관계를 바꾸려는 노력이 필요하다고 생각한다.

3. 다음 표현을 사용해서 여러분의 모국어에서 나타나는 방언의 차이를 써 보세요.

> 독특한 어휘가 있다   발음이 다르다   성조가 있다/없다
> 악센트가 있다/없다   억양이 세다/독특하다   장단의 구별이 있다/없다

_____ 지역 방언	_____ 지역 방언
•	•
•	•
•	•
•	•
•	•

문법과 표현 3 동-는 까닭에, 형-은 까닭에, 명인 까닭에

1. 다음과 같이 문장을 완성해 보세요.

1) <u>표준어 교육이 이루어지고 있는 까닭에</u> 사투리가 점점 사라지고 있다.
   (표준어 교육이 이루어지고 있어서)

2) 소은이는 _____ 친구들에게 신뢰를 잃었다.
   (거짓말을 많이 해서)

3) _____ 태평양의 섬나라 투발루는 영토의 일부가 물에 잠겼다.
   (해수면이 상승해서)

4) _____ 아무리 아껴도 돈을 모으기가 쉽지 않다.
   (월급이 적기 때문에)

5) 많은 사람이 _____ 탈모* 증상을 보인다.
   (각종 스트레스에 시달리기 때문에)

6) 적지 않은 청소년들이 _____ 허리 통증을 호소하고 있다.
   (장시간 잘못된 자세로 공부하기 때문에)

7) _____ 도서관에 빈자리가 없다.
   (시험 기간이라서)

탈모: 머리카락이 빠지는 증상.

2. 알맞은 말을 골라 글을 완성해 보세요.

> 거세게 불다   세 가지가 많다   (화산 폭발로 생기다)

한국에서 제일 큰 섬인 제주도는 1) <u>화산 폭발로 생긴 까닭에</u> 구멍이 뚫린 까만 돌이 많다. 제주도가 생길 때 화산에서 쏟아져 나온 용암이 식으면서 이런 돌들이 여기저기 놓이게 된 것이다. 제주도의 상징인 돌하르방도 구멍 뚫린 까만 돌로 만들어졌다.

또한, 제주도는 사계절 내내 바닷바람이 2) _____ 사람들은 집을 낮게 짓고 집집마다 돌담을 쌓아 올렸다. 지붕이 바람에 날아갈까 봐 지붕을 묶어 두거나 주렁주렁* 돌을 매달아 놓기도 했다.

한편 제주도 사람들은 주로 바다에서 물고기를 잡으며 살았는데, 생계를 위해 배를 타고 나간 남자들이 사고로 목숨을 잃는 일이 잦았다고 한다. 또 다른 지역에 비해 여자들이 바깥 활동을 많이 하므로 제주도에는 여성이 더 많아 보인다. 이렇듯 돌, 바람, 여자 3) _____ 제주도를 '삼다도'라고 부르기도 한다.

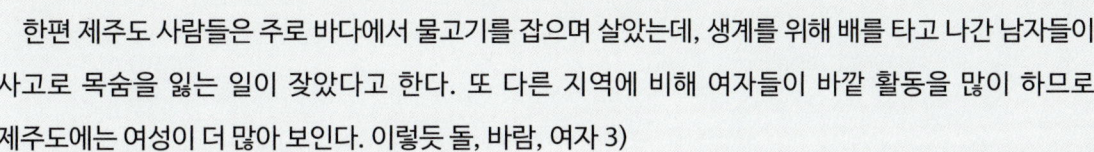

3. 위 문법을 사용하여 여러분 고향의 특징을 이야기해 보세요.

> 부산은 역사적으로 많은 고난을 극복해 온 까닭에 부산 사람들의 성격이 다른 지역에 비해 거친* 면도 있습니다. 따라서 언어도 억양이 강하다는 점이 특징입니다. 그런 까닭에 여러 영화에서 불량배*들이 부산 말투를 쓰기도 하는데, 이는 잘못된 선입견을 줄 수 있으므로 지양해야* 한다는 의견도 있습니다.

주렁주렁: 열매 등이 많이 달려 있는 모양.
불량배: 행동이나 성품이 나쁜 사람들의 집단.
거칠다: 행동이나 성격이 몹시 강하고 세다.
지양하다: 더 발전된 단계로 나아가기 위해 어떠한 것을 하지 않다.

문법과 표현 4   명에서 비롯되다

1. 관계있는 것끼리 연결하고 문장을 완성해 보세요.

1) 이번 산불 • — • 음주 운전
2) 친구와의 말다툼 • • 등산객이 버린 담뱃불
3) 나의 거북목 증후군 • • 사소한 오해
4) 그 자동차 사고 • • 행복한 어린 시절
5) 그녀의 밝은 성격 • • 종업원들의 불친절
6) 고객의 불만 • • 스마트폰을 장시간 사용하는 습관

1) 이번 산불은 등산객이 버린 담뱃불에서 비롯됐다 .

2) _____ .

3) _____ .

4) _____ .

5) _____ .

6) _____ .

2. 알맞은 말을 골라 글을 완성해 보세요.

| 입소문 | 자발적인 참여 | ~~그림을 그리기 시작한 것~~ |

'통영' 하면 제일 먼저 떠오르는 곳은 언덕에 있는 벽화 마을, '동피랑'이다. '동피랑'이라는 이름은 '동쪽의 벼랑'이라는 뜻의 통영 사투리이다. 현재 동피랑은 경상남도의 대표적인 명소로, 많은 관광객이 찾아오는 곳이 됐다.

그러나 처음부터 이곳이 예쁜 벽화로 가득 차 있었던 것은 아니다. 10년 전 이곳의 건물들은 낡고 오래돼 철거*가 결정됐었다. 그러나 마을 주민들은 정든 고향을 떠나기 어려웠던 까닭에 마을을 되살리기로 했다. 마을의 변화는 담벼락에 1) _그림을 그리기 시작한 것에서 비롯됐다_. 아마추어 작가들과 마을 주민이 힘을 합쳐 벽화를 그렸고, 이 벽화를 보기 위해 다른 도시에서 사람들이 한두 명씩 찾아오기 시작했다.

그러던 것이 지금은 1년에 100만 명이 넘는 관광객이 방문할 정도로 유명해졌다. 이러한 폭발적인 유명세는 한 번 다녀간 관광객들의 2) _____. 사람들이 알록달록한* 벽화 앞에서 사진을 찍고, 그 사진을 SNS에 공유한 것이다. 동피랑 벽화 마을의 변화는 사람들의 3) _____ 점에서 그 의미를 찾을 수 있다.

3. 위 문법을 사용하여 다음의 유래·기원에 대해 이야기해 보세요.

| 고향에서 즐겨 먹는 전통 음식 | 고향의 풍습 | 요즘 생긴 단어나 표현 | 살고 있는 지역 이름 |

> 저는 한식을 먹을 때 빠질 수 없는 '김치'에 대해 말씀드리겠습니다. '김치'라는 단어의 유래는 채소를 소금물에 담가 절인다는 의미의 한자어 '침채'에서 비롯됐습니다. 또한 김치를 먹는 문화는 하얀 무를 소금에 절여 먹는 풍습에서 비롯됐습니다. 채소를 소금에 절이면 새로운 맛과 향기가 생기며 오래 저장할 수 있기 때문입니다. 시간이 흐르며 무 이외에 배추 등도 절여 먹기 시작했고 고추, 마늘, 젓갈을 넣어 만든 빨간 김치가 탄생했습니다.

 철거: 건물, 시설 등을 무너뜨려 없애거나 걷어치움.
알록달록하다: 여러 가지 밝은 빛깔의 점이나 줄 등이 무늬를 이룬 상태이다.

복습 3

어휘 Vocabulary

정리하기

다음에서 알고 있는 어휘에 ✔ 해 보세요.

5-1과

공공 예술 ☐	사회를 비판하다 ☐	지역을 활성화하다 ☐
감성을 키우다 ☐	실용성을 지니다 ☐	정서적 안정을 얻다 ☐
매개체가 되다 ☐	현실을 풍자하다 ☐	예술을 향유하다/누리다 ☐
가치를 창출하다 ☐	공감대를 형성하다 ☐	사회상/시대상을 반영하다 ☐
대중과 소통하다 ☐	내면을 들여다보다 ☐	
마음을 치유하다 ☐	상상력을 표현하다 ☐	

5-2과

직선/곡선 ☐	소박하다 ☐	대칭을 이루다 ☐
원형/반원형 ☐	압도되다 ☐	조화를 이루다 ☐
정육면체/직육면체 ☐	완벽하다 ☐	군더더기가 없다 ☐
삼각형/정사각형/직사각형 ☐	길쭉하다/짤막하다 ☐	조형미가 뛰어나다 ☐
경이롭다 ☐	네모나다/네모반듯하다 ☐	강렬한 인상을 남기다 ☐
동그랗다 ☐	기품이 있다 ☐	

6-1과

갯벌 ☐	토속/향토 음식 ☐	개성이 뚜렷하다 ☐
고원 ☐	해안/내륙 지방 ☐	문화를 보존하다 ☐
분지 ☐	척박하다 ☐	문화를 전승하다 ☐
산맥 ☐	험준하다 ☐	문화유산에 등재되다 ☐
평지 ☐	서민적이다 ☐	문화유산으로 지정되다 ☐
특산물 ☐	향토적이다 ☐	
산악 지대 ☐	가치를 인정받다 ☐	

6-2과

방언/사투리 ☐	정취를 느끼다 ☐	성조가 있다/없다 ☐
소멸되다 ☐	억양이 독특하다 ☐	독특한 어휘가 있다 ☐
억양이 세다 ☐	의식을 반영하다 ☐	의사소통이 안 되다 ☐
말투가 다르다 ☐	정서를 대변하다 ☐	악센트가 있다/없다 ☐
발음이 다르다 ☐	정서가 담겨 있다 ☐	장단의 구별이 있다/없다 ☐

평가하기

[1~5] 다음 (   )에 들어갈 가장 알맞은 것을 고르세요.

1.
   평소에 자기 자신을 들여다보고 마음의 상처를 치유할 수 있는 (   )의 힘을 기르지 않으면 어려움이 찾아왔을 때 무너지기 쉽다.

   ① 가치　　　② 내면　　　③ 부담　　　④ 상처

2.
   저는 지금 대구에 나와 있습니다. 대구는 주변이 높은 지역으로 둘러싸인 대표적인 (   ) 지형의 도시이므로 여름에는 매우 덥고 겨울에는 매우 춥습니다.

   ① 분지　　　② 산맥　　　③ 평야　　　④ 해안

3.
   최근 인기를 끌고 있는 드라마는 1988년을 배경으로 하고 있어요. 그 시대의 유행이나 사회 분위기를 생생하게 표현해 당시의 (   )을/를 잘 반영했다는 호평을 받고 있죠.

   ① 공감대　　　② 상상력　　　③ 시대상　　　④ 실용성

4.
   서울시는 3일부터 '거리로 나온 공연과 전시' 사업을 실시한다. 이 사업의 목적은 시민들에게 일상에서 (   ) 수 있는 기회를 제공하는 것이다.

   ① 문화를 계승할　　　② 예술을 향유할
   ③ 현실을 풍자할　　　④ 지역을 활성화할

5.
   이 식당은 담백하고 깔끔한 향토 음식을 선보인다. 식당 내부도 고향 집에 앉아 있는 듯 화려하지 않고 (   ) 가정집의 느낌을 주는 곳이다.

   ① 독특한　　　② 소박한
   ③ 경이로운　　　④ 신비로운

[6~10] 다음 밑줄 친 부분과 의미가 비슷한 것을 고르세요.

6. 그가 쓴 글은 <u>군더더기가 없어서</u> 이해하기 쉽다.

   ① 간결해서   ② 압도돼서   ③ 완벽해서   ④ 짤막해서

7. 긴 세월 동안 세찬 물살을 버틸 정도로 <u>견고하게</u> 만들어진 함평 돌다리를 통해 우리 선조들의 기술력을 짐작할 수 있다.

   ① 단단하게   ② 뚜렷하게   ③ 일정하게   ④ 정확하게

8. 지나의 화장이나 옷 스타일은 <u>다른 사람과 확실히 구별되는 특성을 가졌다.</u>

   ① 매력적이다   ② 기품이 있다   ③ 개성이 뚜렷하다   ④ 실용성을 지니다

9. 항공 마일리지나 카드 포인트는 일정 기한* 내에 사용하지 않으면 <u>사라지므로</u> 유효 기간을 꼭 확인해야 한다.

   ① 보존되므로   ② 소멸되므로   ③ 유지되므로   ④ 형성되므로

10. 《양반전》은 조선 시대의 양반을 <u>우스꽝스러운 모습으로 비판한</u> 소설이다.

    ① 내재한   ② 대변한   ③ 서술한   ④ 풍자한

[11~13] 다음 (   )에 공통적으로 들어갈 단어를 고르세요.

11.
    - 시골에 살고 있는 시연 씨는 동물 농장 체험 아이디어를 내서 마을의 발전을 (   ).
    - 기업은 재택근무와 원격 근무, 오프라인 근무 등 다양한 근무 형태로의 변화를 (   ).
    - 서울 관악구에 위치한 B 식당은 다른 식당의 메뉴와 차별화를 (   ) 샤로수길 맛집으로 자리매김했다.

    ① 꾀하다   ② 접하다   ③ 취하다   ④ 통하다

> 기한: 미리 정해 놓은 시기.

12.
- 대학 재학 중 자격증을 많이 딴 것이 취업에 유리하게 (   ).
- 지금까지의 선거는 현직 대통령에 대한 지지율이 가장 큰 변수로 (   ) 왔다.
- 최근의 경기 침체는 유가 급등, 수출 부진* 등 여러 복합적 요인이 (   ) 것으로 분석되었다.

① 작용하다　　　② 개선하다　　　③ 동행하다　　　④ 융합하다

13.
- 다른 사람들은 나한테 친화력이 좋다고 하지만, 사실 나는 (   ) 낯을 가린다.
- SNS에 사진을 올려서 자신이 소유한 비싼 차와 명품을 (   ) 자랑하는 사람들이 있다.
- 새로운 정책에 불만이 있지만 차마 이야기하지 못했던 사람들은 이번 사건이 터지자 (   ) 좋아했다.

① 면밀히　　　② 무심히　　　③ 생생히　　　④ 은근히

[14~15] 밑줄 친 부분이 어색한 것을 고르세요.

14.
① 고단한 하루였지만 해맑게 웃는 아이들을 보면 힘이 난다.
② 나에게 무례하게 대하는 그 사람의 행동이 너무 괘씸하다.
③ 언론은 모든 국민에게 정확하고 신속하게 뉴스를 전달할 의무가 있다.
④ 그의 처지를 냉정하게 여긴 이웃의 도움으로 조그만 회사에 취직할 수 있었다.

15.
① 옆집 아이는 초등학생이지만 어른스럽고 의젓해 보인다.
② 정부는 환경이 저조한 지역에 보조금을 우선 지급하기로 했다.
③ 그는 성격이 섬세해서 다른 사람들의 기분 변화를 잘 파악한다.
④ 이 책은 우리 사회의 보이지 않는 폭력에 관한 날카로운 통찰*을 담았다.

부진: 좋은 쪽으로 이루어지는 기운이나 세력이 활발하지 않음.　　통찰: 예리한 관찰력으로 사물을 꿰뚫어 봄.

문법과 표현
Grammar & Expression

▶ 정리하기

✏️ 다음에서 알고 있는 문법과 표현에 ✔ 해 보세요.

5-1과

| 명을 명으로 삼다 | ☐ 우리 집은 정직과 **신뢰를 가훈으로 삼고 있다**. |
| 형-으면서(도) | ☐ 누구나 **아름다우면서도** 슬픈 사랑의 추억이 하나쯤은 있다. |

5-2과

| 형-기(가) 이를 데 없다 | ☐ 오죽헌의 지붕은 정교하고 **섬세하기 이를 데 없다**. |
| 동형-으리라 | ☐ 겉으로는 웃고 있었지만 속은 슬픔으로 **가득했으리라**. |

6-1과

| 동형-을지언정 | ☐ 비록 이번 시험에서 꼴찌를 **할지언정** 부정행위는 하지 않겠다. |
| 동-는지라, 형-은지라, 명인지라 | ☐ 지호와 나는 어릴 적부터 **친구인지라** 서로의 마음을 잘 안다. |

6-2과

| 동-는 까닭에, 형-은 까닭에, 명인 까닭에 | ☐ 유가가 **상승한 까닭에** 대중교통을 이용하는 사람들이 많아졌다. |
| 명에서 비롯되다 | ☐ 행복은 마음가짐과 **생각에서 비롯된다**. |

▶ 평가하기

[1~2] 다음 (   )에 들어갈 가장 알맞은 것을 고르세요.

1.
> 우리 회사의 규모는 (   ) 나의 능력을 발휘할 수 있는 기회가 충분히 많기 때문에 만족한다.

① 작길래 ② 작다든가 ③ 작을수록 ④ 작을지언정

2.
바닷가에 앉아 편안하게 휴식을 취하는 사람들의 모습은 (   ) 여유로워 보였다.

① 평화롭다더니   ② 평화로울수록   ③ 평화로우면서도   ④ 평화롭기는커녕

[3~4] 다음 밑줄 친 부분과 의미가 비슷한 것을 고르세요.

3.
허준 교수는 연구 실적이 <u>뛰어난 까닭에</u> 충분히 상을 받을 자격이 있습니다.

① 뛰어나므로   ② 뛰어나답시고   ③ 뛰어나기로서니   ④ 뛰어나거니와

4.
하기 싫은 일을 억지로 하고 있으니까 <u>괴롭기 이를 데 없다</u>.

① 괴로운 편이다   ② 괴로운 법이다   ③ 괴롭기 마련이다   ④ 괴롭기 짝이 없다

[5~7] 알맞은 표현을 골라서 대화를 완성하세요.

> -으면서(도)   -으리라   -는지라   에서 비롯되다

5. 가: 여자 친구가 친구랑 싸웠다길래 화해할 수 있는 좋은 방법을 알려 줬는데 갑자기 울기 시작하더라고. 도대체 왜 울었는지 지금도 잘 모르겠어.
   나: 여자 친구는 해결책이 아니라 공감을 원해서 그랬을 거야. 네가 해결책을 제시해 준 것이 좋은 _____ 것일지라도 여자 친구는 서운했을 거야.

6. 가: 작가님, 이 그림은 다른 작품과 다르게 밝은 느낌이네요.
   나: 오랫동안 만나지 못했던 가족과 곧 _____ 기대하며 그린 그림이기 때문이에요.

7. 가: 다이어트할 때 좋은 과일에는 뭐가 있을까요?
   나: 사과는 칼로리가 _____ 포만감*이 오래가기 때문에 체중 조절에 도움이 돼요.

포만감: 많이 먹어 배가 가득 차 있는 느낌.

듣기 Listening

[1] 다음을 듣고 질문에 답하세요.

1. 무엇에 대해 이야기하고 있는지 고르세요.
   ① 지역 방언의 사용 실태
   ② 지역 방언의 소멸 원인
   ③ 지역 방언의 활성화 방안
   ④ 지역 방언을 활용한 작품 소개

[2~3] 다음 대화를 듣고 질문에 답하세요.

2. 들은 내용과 일치하지 <u>않는</u> 것을 고르세요.
   ① 공공 예술을 환영하지 않는 주민도 있다.
   ② 공공 예술은 낙후된 지역을 활성화하는 것이 목적이다.
   ③ 공공 예술 작품 중 일부가 표절 논란을 일으킨 적이 있다.
   ④ 정부는 공공 예술 지원을 중단하고 그 돈을 다른 곳에 사용했다.

3. 남자의 말하기 방식으로 알맞은 것을 고르세요.
   ① 사례를 들며 해결 방안을 제안하고 있다.
   ② 프로젝트의 문제점을 논리적으로 분석하고 있다.
   ③ 주민들의 의견을 유형별로 분류하여 제시하고 있다.
   ④ 조사 결과를 통해 공공 예술의 필요성을 증명하고 있다.

[4~5] 다음 발표를 듣고 질문에 답하세요.

4. 여자가 이 주제로 발표하게 된 이유로 알맞은 것을 고르세요.
   ① 주변에서 미술 치료를 받은 사례를 봐서
   ② 최근 미술 치료의 다양한 기법을 배우게 돼서
   ③ 미술 치료에 대한 사회적 인식이 좋아지고 있어서
   ④ 삶의 목표를 찾는 친구에게 미술 치료를 추천하고 싶어서

5. 들은 내용과 일치하는 것을 고르세요.
   ① 콜라주는 노인들에게는 어려운 활동이다.
   ② 미술 치료는 지적 장애인에게 효과적이지 않다.
   ③ 미술 치료는 자신의 내면을 들여다볼 수 있게 돕는다.
   ④ 미술 치료 기법 중 최근 널리 쓰이는 것은 그림 그리기 기법이다.

맥이 끊기다: 흐름이 끊어지다.
호전되다: 병의 증세가 나아지게 되다.
모색하다: 일이나 사건 등을 해결할 수 있는 방법을 찾다.
찰흙: 끈끈한 성질이 있는 흙.

읽기 Reading

[1~2] 다음 글을 읽고 질문에 답하세요.

'삼다도'는 제주도를 부르는 또 다른 이름이다. 돌, 바람, 여자 세 가지가 많다고 해서 붙여졌는데, 이 가운데 특히 돌은 화산 활동으로 형성된 섬인 제주 전역에 분포하며* 제주만의 독특한 문화를 만들어 냈다. 제주도의 척박한 땅 곳곳에 널려 있는 돌은 농사짓는 데 많은 어려움을 주었고, 해안가에 솟아난 바위와 돌 때문에 배를 대기도 어려웠다. 그러나 제주인들은 돌을 부정적으로만 여기지 않고 현명하게 활용하였다. 주변의 돌을 사용하여 대부분의 살림 도구와 농사 기구를 만든 것만 봐도 이를 알 수 있다. 또한 제주인들은 돌로 돌담을 쌓고 마을 입구에는 돌하르방을 세웠다. 그렇게 만들어진 제주도의 풍경은 독특하며 향토적인 정취를 자아낸다*. 제주 돌 문화는 (   ) 맞선 제주 사람들의 지혜와 삶의 흔적이 고스란히 담긴 생활 문화유산이라는 점에서 가치가 있다.

1. 이 글의 제목으로 알맞은 것을 고르세요.
   ① 제주도의 자연환경　　　　　② 제주도 돌 문화의 가치
   ③ 제주도 돌하르방의 특징　　　④ 삼다도라는 명칭의 유래

2. (   )에 들어갈 내용으로 알맞은 것을 고르세요.
   ① 토지 이용 방법에　　　　　② 고립된 섬 지형에
   ③ 척박한 자연환경에　　　　　④ 자원이 부족한 상태에

[3~5] 다음 글을 읽고 질문에 답하세요.

전라남도 상사 마을에는 '쌍산재'라는 오래된 전통 가옥이 있다. 정원의 대나무가 멋스럽게 어우러져 옛 정취를 느낄 수 있는 곳이다. 조선 후기에 지어진 쌍산재는 크게 두 공간으로 분리된다. 대나무 숲을 경계로 대문 오른쪽에 있는 주거 공간과 왼쪽의 정원이 나뉘어 있다. 안채, 바깥채, 사랑채, 별채*로 이루어진 주거 공간은 단아하면서도 소박한 한옥의 아름다움을 보여 준다. 안채 오른쪽의 뒤주*는 식량이 떨어진 이웃들이 쌀과

쌍산재 안채

분포내다: 일정한 범위에 나뉘어 흩어져 있다.　　**자아내다**: 어떤 감정이나 생각, 느낌 등이 저절로 생기거나 나오도록 일으키다.
별채: 집의 중심이 되는 곳과 따로 떨어져 있는 집.　**뒤주**: 쌀, 보리, 콩 등의 곡식을 담아 두는 데 쓰는 네모나고 큰 나무 상자.

보리를 빌려 가던 나눔의 장소로 (   ) 정신을 고스란히 느낄 수 있는 곳이다. 별채 뒤편의 울창한* 대나무 숲을 따라 계단을 오르면 탁 트인 잔디밭과 하늘이 펼쳐진다. 쌍산재의 두 번째 공간인 별서 정원은 다양한 종류의 화초*와 나무, 연못, 돌들이 조화를 이루어 신비롭기까지 하다. 길 끝에는 반원형으로 굽은 사철나무가 고풍스럽고 기품 있는 자태*를 뽐내고* 있다. 밖으로 통하는 영벽문을 지나면 또 다른 공간을 만난다. 네모난 문밖으로 펼쳐진 옥빛* 저수지와 지리산의 풍경은 그림 액자에 담긴 것처럼 아름답기 이를 데 없다.

 뒤주  영벽문

3. 이 글을 쓴 목적으로 알맞은 것을 고르세요.
    ① 쌍산재의 모습을 묘사하기 위해
    ② 쌍산재에 가는 길을 소개하기 위해
    ③ 쌍산재 관람 순서를 안내하기 위해
    ④ 쌍산재를 여행 장소로 추천하기 위해

4. 이 글의 내용과 일치하지 않는 것을 고르세요.
    ① 쌍산재는 조선 후기에 건축되었다.
    ② 이곳에는 고풍스러운 사철나무가 있다.
    ③ 쌍산재에는 아름다운 지리산 그림이 걸려 있다.
    ④ 대나무 숲을 기준으로 주거 공간과 정원이 나뉜다.

5. (   )에 들어갈 내용으로 알맞은 것을 고르세요.
    ① 위화감이 없는
    ② 넉넉한 베풂의
    ③ 대칭을 이루는
    ④ 자연과 조화로운

울창하다: 나무가 빽빽하게 우거지고 푸르다.
화초: 보고 즐기는 것을 목적으로 기르는 식물.
자태: 어떤 모습이나 모양. 주로 사람의 고운 모습을 말하며, 건축물이나 자연의 모습을 사람에 비유해 표현하는 경우에도 사용한다.
뽐내다: 자신의 능력을 남에게 보라는 듯이 자랑하다.
옥빛: 보석의 일종인 옥의 빛깔과 같은 흐린 초록빛.

쓰기 Writing

✎ **다음 주제로 글을 쓰세요. (600~700자)**

최근 도시 재생 사업 중 하나인 벽화 마을 사업이 활성화되고 있습니다. 아래의 내용을 중심으로 벽화 마을 사업에 대한 여러분의 의견을 써 보세요.

- 벽화 마을 사업의 긍정적인 효과는 무엇입니까?
- 벽화 마을 사업이 초래하는 문제점은 무엇입니까?
- 벽화 마을 사업에 찬성합니까, 반대합니까? 그 이유는 무엇입니까?

말하기 과제
Speaking Task

고향 도시를 안내해 봅시다.

> **준비하기** 친구들에게 고향 도시를 안내할 예정입니다. 가상 관광 계획을 세워 보세요.

주제	•
장소	•
지역 문화 (향토 음식, 놀이 문화 등)	•

> **활동하기**

1. 장소 안내에 사용할 360도 가상 현실(VR) 영상, 증강 현실(AR) 콘텐츠, 파노라마 사진 등을 검색해 보세요.

남산골한옥마을

서울역사박물관

2. 각 장소에 대한 정보를 정리하여 관광 안내를 위한 원고를 준비해 보세요.

도입	낭만과 열정이 가득한 도시 서울이 여러분을 찾아옵니다! 유네스코 세계 문화 유산으로 지정된 창덕궁부터 서울의 역사를 한눈에 볼 수 있는 서울역사박물관까지, 서울의 아름다운 명소들을 만나 볼까요?
장소 소개	여기는 15세기에 지어진 조선의 궁궐인 창덕궁입니다. 이곳은 현재 남아 있는 조선의 궁궐 중 그 원형이 가장 잘 보존되어 있습니다. 창덕궁은 자연과의 조화로운 배치와….
지역 문화 소개	창덕궁 근처에는 유명한 한정식 맛집이 있습니다. 이곳의 한정식은….

발표하기 원고를 바탕으로 친구들에게 가상 관광을 진행해 보세요.

창덕궁은 자연과의 조화가 뛰어나다는 점에서 1997년 유네스코 세계 문화 유산으로 등재되었습니다.

평가하기 어느 가상 관광이 가장 실감 나고 재미있었습니까? 친구들의 관광 안내를 평가해 보세요.

배운 표현을 잘 사용했다.	☆☆☆☆☆
내용이 인상적이고 흥미로웠다.	☆☆☆☆☆
정확한 발음과 억양으로 진행했다.	☆☆☆☆☆
실제 장소를 방문한 것 같은 생동감이 전달되었다.	☆☆☆☆☆

7 심리학의 이해

7-1 마음의 이해

7-2 집단 속의 자아

7-1	어휘	심리학, 인간의 행동
	문법과 표현	명은 고사하고
		동-으려다가도
7-2	어휘	과학적 실험 연구 과정, 인간의 행동
	문법과 표현	동형-을지라도, 명일지라도
		동-느냐에 달려 있다, 형-으냐에 달려 있다, 명에 달려 있다

어휘 Vocabulary

1. 관계있는 것끼리 연결하고 문장을 완성해 보세요.

갈등을 •	• 예측하다 •	• 다른 사람의 생각이나 시선을 신경 쓰다
남을 •	• 탐색하다 •	• 마음속의 생각이나 서로의 의견이 충돌하는* 상태를 이겨 내다
마음을 •	• 극복하다 •	• 개인의 정신적 특성을 만들다
인격을 •	• 헤아리다 •	• 다른 사람의 마음을 짐작해서 살피다
자아를 •	• 형성하다 •	• 자기 자신에 대한 인식을 살피어 찾다
행동을 •	• 의식하다 •	• 앞으로 어떤 동작을 할지 미리 추측하다

1) 청소년기에는 자신이 누구인지 <u>자아를 탐색하는</u> 데 시간을 많이 써야 한다.

2) 과학자들은 인간의 _____ 로봇을 개발하고 있다. 인간이 컵을 들고 냉장고 앞으로 가면 알아서 냉장고 문을 열어 주는 로봇이 그 예이다.

3) 부모님께 비싼 선물을 드리는 것보다 부모님의 _____ 것이 더 바람직한 효도이다.

4) 부모님의 사랑을 많이 받지 못한 아이는 성장이 더디고* 정서적으로 불안정할 수 있다. 어린아이에 대한 부모의 애정과 관심은 아이의 _____ 결정적인 요인이 된다.

5) 사랑해서 결혼한 부부라고 해도, 함께 살다 보면 서로 달라서 생기는 갈등을 피하기 어렵다. 부부간의 _____ 첫 단계는 서로의 다름을 인정하는 것이다.

6) 다른 사람에게 어떻게 보이느냐에 대해 전혀 관심을 두지 않는 사람이 있는 반면, 지나치게 _____ 사람도 있다.

충돌하다: 서로 부딪치다.   **더디다**: 어떤 움직임이나 일을 하는 데 시간이 오래 걸리다.

2. 알맞은 말을 골라 대화를 완성해 보세요.

> (변명하다)　　　　억제하다　　　　충동구매하다
> 반발심이 생기다　　탓으로 돌리다　　핑곗거리를 만들다

1) 가: 김말봉 씨 기자 회견* 봤어요? 계속 자기 입장만 얘기하고 있어요.
   나: 그러게요. <u>변명하지</u> 말고 솔직히 잘못을 인정하면 좋을 텐데요.

2) 가: 못 보던 옷인데 새로 샀어?
   나: 살 계획은 없었는데, 스트레스 풀려고 백화점에 갔다가 _____.

3) 가: 살을 빼고자 할 때 가장 주의할 점은 무엇일까요?
   나: 먹고 싶은 걸 억지로 참지 말아야 합니다. 그렇게 식욕을 _____ 스트레스를 받아 오히려 건강이 더 안 좋아질 수 있기 때문이에요.

4) 가: 황 대리 업무 태도가 별로 안 좋다는 말을 들었는데 사실인가요?
   나: 네. 회사에 중요한 일이 생길 때마다 아프다든지 집안에 일이 생겼다든지 하는 _____ 업무에서 빠져요.

5) 가: 송 박사님, 인간관계에서 스트레스를 덜 받으려면 어떻게 해야 할까요?
   나: 다른 사람의 잘못인데도 자신의 _____ 경우가 있는데 그런 습관을 버려야 합니다.

6) 가: 우리 아이 성적이 왜 계속 떨어지는지 모르겠어요. 야단을 쳐도 소용이 없어요.
   나: 아이를 무조건 야단치면 말을 듣기는커녕 오히려 _____ 수 있어요. 아이가 마음을 열도록 차분히 대화를 시도해 보세요.

기자 회견: 기자들을 모아 놓고 어떤 사건에 대해 공식적으로 발표하거나 설명하는 일.

문법과 표현 ❶ 명은 고사하고

1. 다음과 같이 대화를 완성해 보세요.

1) 가: 혹시 10만 원만 빌려줄 수 있어?
   나: <u>10만 원은 고사하고</u> 만 원도 없어.

2) 가: 친구가 미안하다고 사과했어요?
   나: _____ 일주일이 넘도록 연락도 없어요.

3) 가: 요즘도 여행을 많이 다니세요?
   나: 요즘은 너무 바빠서 _____ 쉴 시간도 없어요.

4) 가: 이번 생일에 남자 친구한테 무슨 선물 받았어?
   나: _____ 축하한다는 말도 못 들었어.

5) 가: 그 사건은 해결되었나요?
   나: 아니요. _____ 원인조차 밝히지 못했어요.

6) 가: 오늘 경기에서 김초롱 선수가 메달을 땄나요?
   나: 아니요. 대회 직전*에 부상을 당해서 몸 상태가 좋지 않았대요. 그래서 _____ 출전도 못 했대요.

직전: 어떤 일이 일어나기 바로 전.

2. 알맞은 말을 골라 뉴스를 완성해 보세요.

> 방문 (설렘) 명절 음식 준비

앵커: 홀로 사는 노인이 전국적으로 166만 명에 이릅니다. 온 가족이 모이는 명절에는 더 외롭고 우울감마저 생길 수 있는데요. 김윤오 기자가 만나 봤습니다.

기자: 명절이 하루 앞으로 다가왔지만, 올해 87세인 박 할머니의 얼굴에는 1) __설렘은 고사하고__ 가족 생각에 슬픔만 가득합니다. 먹고살기 바쁜 자식들은 2) _____ 전화도 한 번 안 합니다. 몸이 불편한 박 할머니는 3) _____ 한 끼 식사를 차리는 것도 힘겹습니다. 명절 뒤에 가려진 독거노인들에게는 따뜻한 관심이 절실합니다. ABS 뉴스 김윤오입니다.

3. 위 문법을 사용하여 원하던 것을 얻지 못한 경험을 이야기해 보세요.

> 이번 학기는 정말 바빴습니다. 일과 공부를 병행하고 있는데 최근 회사에서 새로운 프로젝트를 기획해야 했습니다. 그래서 공부할 시간이 부족했고 시험도 제대로 보지 못했습니다. 원래 제 목표는 장학금을 받는 것이었는데, 장학금은 고사하고 수료할 수 있을지도 걱정이 됩니다.

문법과 표현 ❷ 동-으려다가도

1. 다음과 같이 대화를 완성해 보세요.

1) 가: 아이가 버릇 없이 구는데* 그냥 보고만 있을 건가요?
   나: <u>야단을 치려다가도</u> 아이가 울먹이는 모습을 보면 마음이 약해져요.

2) 가: 요즘도 여행을 즐기시나요?
   나: 아니요. _____ 통장 잔액을 보면 가고 싶은 마음이 사라져요.

3) 가: 회사를 그만두고 싶다더니 퇴사했어*?
   나: 아니. _____ 나만 바라보고 있는 가족들을 보면 계속 일하게 돼.

4) 가: 친구랑 또 싸웠어? 그 친구가 잘못해도 참겠다고 했잖아?
   나: 그랬지. 근데 _____ 친구가 약속 시간에 늦으면 나도 모르게 화를 내게 돼.

5) 가: 이 일을 30년이나 계속하셨는데, 포기하고 싶었던 순간은 없으셨는지요?
   나: 물론 많았습니다. 그런데 _____ 고객들한테 감사하다는 말을 들으면 다시 기운이 나서 열심히 하게 되더라고요.

6) 가: 박사님, 스마트폰 사용 시간을 줄이는 것이 정말로 그렇게 힘든 일인가요?
   나: 네. 사용 시간을 _____ 스마트폰이 옆에 있으면 자기도 모르게 손이 가기* 마련이지요. 그래서 현대인의 스마트폰 중독 문제는 해결이 어렵습니다.

굴다: 어떠한 방법으로 행동하다.   **퇴사하다**: 회사를 그만두다.   **손이 가다**: 물건이나 음식 등에 이끌리다.

2. 다음과 같이 문장을 완성해 보세요.

   1) 교육부에서는 지금까지 새로운 입시 제도를   도입하려다가도   반대의 목소리가 높아지면 철회하곤 했다.

   2) 나는 수학을 열심히 _____ 어려운 문제에 부딪히면 끝까지 버티지 못하고 중간에 포기해 버린다.

   3) 자동차를 _____ 막상 유지하는 데 비용이 꽤 든다는 이야기를 듣고 구입을 망설이는 사람들이 있다.

   4) A 기업은 신입 사원을 _____ 직원이 늘어나면 예산이 부족할까 봐 몇 년째 뽑지 못하고 있다.

   5) 가수 겸 배우 B 씨는 그동안 앨범을 _____ 좋은 드라마 작품이 들어오면 연기에 집중하게 되어 새 앨범이 늦어졌다고 밝혔다.

3. 위 문법을 사용하여 계획했던 것이나 하고 싶었던 일을 포기한 경험에 대해 이야기해 보세요.

   > 저는 5년 전부터 한국에 오려다가도 아픈 동생의 얼굴을 보면 마음이 바뀌어 몇 번이나 포기했었습니다. 동생과 나이 차이가 많이 나는데 동생이 저에게 많이 의지했거든요. 결국, 동생이 여러 차례 수술을 받고 건강해져서 마음 편히 한국에 올 수 있었습니다. 지금 저의 꿈은 동생과 함께 한국 여행을 하는 것입니다.

어휘 Vocabulary

1. 알맞은 말을 골라 문장을 완성해 보세요.

> 배척하다   분위기에 휩쓸리다   (집단의 행동을 따르다)   착각에 빠지다

1) 사람들은 유행하는 옷을 입거나 다수의 결정을 받아들이는 등 <u>집단의 행동을 따르는</u> 경향이 있다.

2) 사회 심리학자 A 교수의 발표에 따르면 인간은 쉽게 편을 나누고 나와 다른 집단에 속한 사람들을 <u>　　　　　　　　　</u> 존재라고 한다.

3) 오늘은 절대 술을 마시지 않겠다고 다짐했지만 친구들을 만나니 <u>　　　　　　　　　</u> 결심이 무너지고 말았다.

4) 기업의 리더는 의사 결정을 할 때 다른 사람도 자신과 같은 생각을 하고 있을 거라는 <u>　　　　　　　　　</u> 않도록 조심해야 한다.

2. 알맞은 말을 골라 글을 완성해 보세요.

> 가설을 세우다　　　결론을 도출하다　　　실험을 설계하다
> 실험을 진행하다　　(연구 문제를 설정하다)

과학 시간에 액체의 끓는점*에 대해 배운 민성이와 수진이는 이에 대해 더 알고 싶어졌다. 그래서 '액체의 특성에 따라 끓는점이 달라지는가?'라는 1) <u>연구 문제를 설정했다</u>. 두 사람은 소금물과 순수한* 물을 가열했을* 때 소금물이 순수한 물보다 높은 온도에서 끓기 시작할 것이라는 2) <u>　　　　　　　　　</u>. 이후 실험 수행을 위해 소금물과 순수한 물을 다른 용기에 담아 가열하면서 끓기 시작하는 온도를 비교할 수 있도록 3) <u>　　　　　　　　　</u>. 4) <u>　　　　　　　　　</u> 순서는 다음과 같았다. 먼저, 물 97g에 소금 3g을 녹인 소금물과 순수한 물 100g을 각기 다른 용기에 담았다. 둘째, 용기에 온도계를 꽂은 후 가열하면서 온도를 관찰했다. 셋째, 끓기 시작하는 온도를 측정했다. 그 결과 순수한 물은 100℃에서 끓기 시작한 반면, 소금물은 100.5℃에서 끓기 시작했다. 이를 통해 소금물은 순수한 물보다 끓는점이 높다는 5) <u>　　　　　　　　　</u>.

 끓는점: 액체가 끓기 시작하는 온도.　　　**순수하다**: 전혀 다른 것의 섞임이 없다.
가열하다: 어떤 물질에 열을 가하다.

3. 알맞은 말을 골라 대화를 완성해 보세요.

> 동조하다　　　　무임승차하다　　　　배척당하다
> 혼동하다　　　　(게으름을 피우다)　　책임을 미루다

1) 가: 이번에 S 기업 인턴 사원 모집에 지원했어?
   나: 아니. 하려고 했는데 <u>게으름을 피우다가</u> 마감 기한을 놓쳐 버렸어.

2) 가: 이번에 우등상 받은 거 정말 축하해. 성적이 오른 비결이 뭐야?
   나: 의미가 비슷해서 _____ 만한 단어들을 정리해서 외웠어.

3) 가: 친구들이 우리 조 과제 점수가 낮은 게 제니 탓이래. 나는 그렇지 않다고 생각했지만 그냥 맞장구쳤어.
   나: 다음부터는 친구들의 말에 무작정 _____ 말고 네 생각을 분명히 말하도록 해.

4) 가: 이번 기말 과제 조원 중에 회의 때마다 빠지고 자기가 담당한 것도 제대로 안 해 오는 친구가 있어서 다른 조원 모두가 힘들어했어.
   나: 그렇게 _____ 애들이 꼭 있다니까. 교수님께 말씀드려 봤어?

5) 가: 부장님, 저는 분명히 최 대리에게 제대로 지시했는데 최 대리가 실수한 것 같습니다.
   나: 김 과장은 다른 사람한테 _____ 버릇부터 고치셔야 합니다.

6) 가: 최근 고령화로 인해 노년층*을 대상으로 한 마케팅의 중요성도 커지고 있는데요. 노년층을 위한 콘텐츠를 제작할 때 고려해야 할 점은 무엇입니까?
   나: 젊은 층의 기호에만 맞게 만들어진 콘텐츠는 노년층에게 _____ 수밖에 없습니다. 노년층이 선호할 만한 소재를 찾아 콘텐츠를 만들어야 합니다.

노년층: 사회 구성원 가운데 노년기에 있는 사람들을 아울러 가리키는 말.

문법과 표현 3   동형-을지라도, 명일지라도

1. 다음과 같이 대화를 완성해 보세요.

1) 가: 요즘 너무 피곤해서 운동을 거의 못 해요.
   나: 아무리 __피곤할지라도__ 운동은 일주일에 세 번 이상 해야 합니다.

2) 가: 아이를 키우면서 연기 활동을 하는 게 힘들지 않으신가요?
   나: 비록 지금은 _____ 포기하지 않을 거예요. 연기도 육아도 둘 다 잘 해내고 싶어요.

3) 가: 요즘 우리 회사 일이 점점 많아지네요. 퇴사할까 봐요.
   나: 저는 _____ 계속할 거예요. 제가 좋아하는 일이고 하고 싶은 일이니까요.

4) 가: 친구에게 돈을 빌려줬는데 사소한 일이라고 생각해서 남편한테 말 안 했어. 그런데 나중에 남편이 알고 섭섭해하더라고.
   나: 아무리 _____ 부부 사이에는 서로 비밀이 없어야 한다고 생각해.

5) 가: 친구가 안 갚으면 어떻게 하려고 그렇게 많은 돈을 빌려주셨습니까?
   나: 친구가 _____ 크게 신경 쓰지 않습니다. 우리 우정은 돈으로 살 수 없으니까요.

6) 가: 얼마 전 어떤 사람이 본인이 타고 있던 택시의 운전사가 쓰러졌는데도 바쁘다는 이유로 그냥 가 버려서 운전사가 사망했대. 너무한 거 아냐?
   나: 맞아. 아무리 _____ 119에 신고는 해야지.

2. 다음과 같이 글을 완성해 보세요.

세대별 소비 양상 비교

한국 경제가 급속도로 발전한 까닭에 세대 간 소비 양상의 차이도 매우 크다.
오늘은 세대별 소비 양상을 비교해 보고자 한다.

1)
베이비 붐 세대

경제적으로 힘든 시기를 보냈기에 생활 속의 절약이 매우 중요하다고 생각하는 세대이다. 따라서 물건이 <u>마음에 들지라도</u> 계획에 없는 소비는 하지 않는 편이다.

2)
엑스(X) 세대

트렌드에 민감해 유행을 따르는 소비를 한다. 하지만 한편으로는 어릴 적의 추억을 그리워해서 _____
(유행이 지났다)
추억을 회상할 수 있는 품목이라면 소비하기도 한다.

3)
와이(Y) 세대

자유와 독창성을 추구하는 세대이다. '가성비'를 중시하기 때문에 _____ 가격에서 기대할 수 있는
(최고급 제품이 아니다)
성능보다 실제 성능이 더 좋다면 구매한다.

4)
제트(Z) 세대

가성비보다는 '가심비', 즉 '가격 대비 만족감'을 중요하게 여기는 세대다. 제트 세대는 _____
(가격이 비싸다)
소유함으로써 가치를 느낄 수 있다면 구매하는 경향이 있다.

3. 위 문법을 사용하여 고민이 있는 친구에게 위로가 되는 말을 해 보세요.

> 한국에서 대학에 진학하고 싶어. 그런데 한국어 실력이 잘 늘지 않아서 걱정이야.

> 지금은 힘들지라도 포기하지 않고 열심히 하다 보면 한국어 실력이 향상될 거야. 힘내.

문법과 표현 4 —  동-느냐에 달려 있다, 형-으냐에 달려 있다, 명에 달려 있다

1. 다음과 같이 대화를 완성해 보세요.

1) 가: 왜 나한테는 늘 안 좋은 일만 생기는지 모르겠어.
   나: 모든 것은 <u>생각하기에 달려 있어</u>. 긍정적으로 생각하도록 노력해 봐.
   (생각하기)

2) 가: 김 회장님은 성공의 비결이 무엇이라고 생각하십니까?
   나: 타고난 재능도 중요하지만, 성공은 무엇보다 _____ 생각합니다.
   (열정과 끈기)

3) 가: 어떻게 하면 맛있는 요리를 만들 수 있을까요?
   나: 그건 _____. 신선한 재료로 만든 음식은 뭐든지 맛있거든요.
   (재료의 신선도)

4) 가: 어떻게 하면 읽기 시험 점수를 높일 수 있을까?
   나: 그건 _____. 무조건 앞에서부터 풀 게 아니라 자신 있는 문제
   (시간 배분)

   유형부터 푸는 게 좋아.

5) 가: 이번 신제품의 매출을 늘리려면 어떻게 해야 할까요?
   나: 제품의 매출은 _____. 아무리 좋은 제품도 효과적으로
   (홍보 방법)

   홍보하지 못하면 판매량을 늘리기 쉽지 않습니다.

6) 가: 이번 프로젝트의 팀장을 맡게 된 강민형 과장을 소개합니다.
   나: 여러분, 반갑습니다. 이번 프로젝트의 성공은 _____.
   (팀원 여러분)

   잘 부탁드립니다.

2. 다음과 같이 문장을 완성해 보세요.

1) 건강한 삶은 무엇을 <u>먹느냐에 달려 있다</u>. 열량만 높고 영양가는 낮은 음식을 주로 먹는다면 건강해질 수 없다.

2) 공공 예술의 가치는 지역 주민들과 얼마나 공감대를 _____.
지역 주민들과의 공감대를 형성하지 못하는 공공 예술은 의미가 없다.

3) 방송 콘텐츠의 질은 누가 어떤 마음으로 _____.
진정성 없이 대충 꾸며서 만드는 콘텐츠는 시청자들에게 외면당하기 마련이다.

4) 좋은 도시는 사람들의 행복 지수가 얼마나 _____.
그런 점에서 인도의 '오로빌'이라는 곳은 좋은 도시라고 할 수 있다.

5) 기업의 성공은 기업이 사회적 공익에 얼마나 힘을 _____.
소비자들은 사회적 공익에 힘을 쏟는 기업에 지갑을 더 활짝 여는 법이다.

6) 환경 오염 문제의 해결은 국민이 정부의 정책에 얼마나 관심을 _____.
정부가 아무리 좋은 환경 정책을 내세워도 국민이 관심을 보이지 않으면 소용이 없다.

3. 위 문법을 사용하여 다음 주제에 대해 이야기해 보세요.

| 행복 | 건강한 삶 | 좋은 인간관계 | ? |

저는 행복은 일과 개인 생활의 적절한 균형에 달려 있다고 생각해요. 일하지 않으면 진정한 삶의 의미를 찾기 힘들어요. 그렇다고 해서 일에만 매달리면 결국 지쳐서 행복을 느낄 수 없기 때문에 퇴근 후 좋아하는 일을 하는 시간도 꼭 가져야 해요.

8

한국의 경제 성장과 민주화

8-1 한강의 기적

8-2 한국의 민주화 과정

8-1	어휘	무역, 산업, 경제 상황
	문법과 표현	동-는 통에, 명 통에
		동형-을망정
8-2	어휘	정치 제도, 민주화 과정
	문법과 표현	동-는 한편
		동-는 한이 있어도

어휘 Vocabulary

1. 관계있는 것끼리 연결하고 문장을 완성해 보세요.

도약기를	육성하다	더 높은 단계로 발전할 시기가 되다
부채를	달성하다	좋은 경제 활동 상태를 즐기다
산업을	맞이하다	다른 사람이나 단체로부터 도움을 받다
실적을	받다	국가 발전이나 경제 성장 등을 위해 산업을 발전시키다
원조를	갚다	실제로 업적을 이루다
호황을	누리다	다른 사람이나 기관으로부터 빌린 돈을 돌려주다

1) J 그룹은 지난해 매출이 전년 대비 35% 증가하여 역대 최고의 <u>실적을 달성했다</u>.

2) 정부는 미래에 유망할 것으로 보이는 _____ 위해 노력하고 있다.

3) 무리하게 빚을 내서 집을 산 사람들은 _____ 생활에 여유가 없다.

4) 최근 중고차 시장이 _____ 있다. 특히 중고 트럭은 날개 돋친 듯이 팔려* 매출이 작년 대비 20% 상승했다.

5) 전쟁 직후에 폐허가 된 한국은 여러 나라의 _____. 그러나 이제는 다른 나라를 도와줄 수 있을 정도의 경제력이 생겼다.

6) A 제약 회사*는 그동안 축적된* 기술로 피부에 좋은 화장품 개발에 성공하며 제2의 _____ _____.

 날개 돋친 듯이 팔리다: 제품이 매우 잘 팔리다. **제약 회사**: 약을 연구 개발·생산하는 회사.
축적되다: 지식, 경험 등이 모여서 쌓이다.

2. 신문 기사의 제목을 보고 알맞은 말을 골라 문장을 완성해 보세요.

> 경기 회복   서비스 산업   (시장 점유율)   첨단 산업

1) **'K-뷰티' 열풍**
한국 화장품이 미국 시장에서 차지하는 비율 3위

'K-뷰티' 열풍으로 한국 화장품의 __미국 시장 점유율이 3위로 올라섰다__ .

2) **생산, 소비 모두 증가 추세**
다시 살아나는 경제에 시민들 기대감 높아져

생산과 소비가 늘고 있어서 _____ .

3) **관광, 미용 분야에 불어닥친* 한파***
경기 침체로 매출 급감

경기 침체로 관광, 미용 등 _____ .

4) **반도체, 미래 자동차 분야의 인력난* 심각**
기술 인재 키워야

반도체, 미래 자동차 등 _____ .

3. 알맞은 말을 골라 글을 완성해 보세요.

> 무역 수지   수출 품목   (돌파하다)   흑자/적자를 기록하다

5월 수출액 700억 달러 넘어서

이번 달 수출액이 700억 달러를 1) __돌파했다__ . 특히, 석유 제품, 반도체, 컴퓨터 등 주요 2) _____ 은/는 모두 수출 증가세를 보였다. 하지만 총수입액이 총수출액을 넘어서 3) _____ . 정부는 국제 유가가 안정되면서 다음 달 4) _____ 은/는 흑자로 전환될 것으로 전망한다고 밝혔다.

불어닥치다: 외부에서 일어난 유행, 변화 등이 강하게 영향을 미치다.
한파: (비유적으로) 경제가 매우 안 좋은 상황을 나타내는 말.   **인력난**: 노동력이 부족하여 겪는 어려움.

문법과 표현 ❶ 동-는 통에, 명 통에

1. **다음과 같이 대화를 완성해 보세요.**

    1) 가: 왜 그렇게 피곤해 보여요?
       나: 옆집 사람들이 새벽까지 <u>떠드는 통에</u> 한숨도 못 잤어요.
       (떠들다)

    2) 가: 왜 일에 집중을 못 했어?
       나: _____ 집중할 수가 없었어.
       (전화가 계속 오다)

    3) 가: 어제 줄리아 씨한테 좋아한다고 고백했어?
       나: 아니. 둘만 있을 때 고백하려고 했는데 친구가 눈치 없이 계속 _____
       고백할 수 없었어.
       (따라오다)

    4) 가: 20년 넘게 공원을 관리하면서 힘든 일도 많이 겪으셨을 텐데요. 특별히 기억에 남는 일이 있으십니까?
       나: 불량배들이 공원 벤치에 누워 술을 마시며 _____ 경찰이 출동한
       일이 가장 기억에 남습니다.
       (난동을 피우다*)

    5) 가: 벽화로 유명해진 L 마을 주민의 스트레스가 극심하다고 들었어요.
       나: 네. 관광객이 여기저기에서 사진을 _____ 일상생활이 어렵다고 해요.
       (찍어 대다)

    6) 가: 한글은 왜 공식 문자가 되는 데 오래 걸렸습니까?
       나: 한글이 창제된 후에도 양반들이 _____ 널리 쓰이지 못했기 때문입니다.
       (반대하다)

> **난동을 피우다**: 질서를 어지럽히며 마구 행동하다.

2. 다음과 같이 신문 기사의 제목을 완성해 보세요.

1) **40년 만에 화산 대폭발,** 난리 통에 **주민 50명 넘게 실종**
지난달 5일, A 지역에서 화산이 폭발했다. 화산 폭발로 마을에 난리가 난 사이 주민들이 50명 넘게 실종됐다.

2) **떠내려간 가축, 기적적으로 발견**
장마가 길어지는 가운데 물에 떠내려간 소 한 마리가 80km 떨어진 지역에서 무사히 발견되었다는 소식이 화제가 되고 있다.

3) **영화배우 B 씨,** _____ **헤어진 가족과 50년 만에 재회**
한국 전쟁이 발발했을* 때 영화배우 B 씨와 가족들은 전쟁을 피해 부산으로 도망치던 중 서로 헤어지게 됐다. 헤어진 가족을 그리워하던 B 씨가 50년 만에 가족을 다시 만나게 되어 화제이다.

4) **용의자 C 씨, 고성*이 오가는** _____ **사라져**
경찰이 살인 사건의 용의자를 놓치는 일이 벌어졌다. 경찰이 강변 공원 입구에서 용의자 C 씨를 발견하고 쫓아가는* 도중, 주변의 행인들 간에 고성이 오가며 싸우는 소란*이 벌어졌다. 그 틈을 타서* C 씨가 사라져 버린 것이다.

3. 위 문법을 사용하여 주변 상황 때문에 계획이나 생활에 문제가 생겼던 경험에 대해 이야기해 보세요.

이번 달부터 새 프로젝트를 맡게 되었어요. 그런데 부장님이 자꾸 다른 일을 시키는 통에 프로젝트 진행에 어려움을 겪었어요.

 발발하다: 전쟁이나 큰 사건 등이 갑자기 일어나다.
쫓아가다: 어떤 사람이나 물건 등의 뒤를 급하게 따라가다.
틈을 타다: 어떤 행동을 할 만한 기회를 이용하다.
고성: 크고 높은 목소리.
소란: 시끄럽고 정신이 없는 상태나 상황.

문법과 표현 2   동형 -을망정

1. 다음과 같이 대화를 완성해 보세요.

1) 가: 이번에 입사한 신입 사원은 어때요?
   나: 일 처리는 조금 <u> 서툴망정 </u> 끝까지 책임지려는 마음 자세가 훌륭해요.
         (서툴다)

2) 가: 우리 회사는 대기업도 부럽지 않을 정도로 좋은 직장인 것 같아.
   나: 그러게. <u>_____</u> 복지 제도와 시설은 대기업에 뒤지지* 않지.
         (규모는 작다)

3) 가: 정부가 노인들을 위한 복지 혜택을 줄인다고 해서 논란이 되고 있습니다.
   나: <u>_____</u> 줄인다는 게 말이 됩니까?
       (혜택을 늘리지는 못하다)

4) 가: 정부가 게임 중독을 예방한답시고 규제를 강화해 논란이 되고 있어요.
   나: 게임 산업은 경제 발전에 큰 도움이 되는데 국가에서 게임 산업을 <u>_____</u>
                                                                              (장려하지는 못하다)
   규제를 강화하면 안 된다고 생각해요.

5) 가: 어제 교통사고 났다면서? 괜찮아?
   나: 응. 다친 데는 없어. 그런데 교통사고를 낸 사람이 <u>_____</u>
                                                              (사과하지는 못하다)
   나한테 왜 거기 서 있었느냐고 화를 내서 기분이 너무 나빴어.

뒤지다: 능력, 수준 등이 남보다 뒤떨어지거나 못하다.

2. 다음과 같이 일기를 완성해 보세요.

202△. 1. 2.
부모님이 유학을 반대하신다. 부모님이 허락하실 때까지 밥을 안 먹기로 했다.
1) <u>굶어 죽을망정</u> 유학을 포기하지 않겠다. 아, 벌써 배가 고프기 시작했다.

202△. 3. 30.
다음 주에 한국어 중간시험이 있는데 준비를 거의 하지 못했다. 그렇지만 2) _____ 부정행위는 절대 하지 않겠다.

202△. 4. 18.
내일 부산으로 여행을 가는데 태풍이 온다고 한다. 하지만 종일 호텔에만 3) _____ 이번 여행을 취소하지는 않을 것이다.

202△. 4. 30.
오늘 친구들과 놀다가 밤늦게 집에 들어왔다. 그런데 숙제를 아직 안 해서 마음 편히 잘 수가 없다. 4) _____ 숙제는 꼭 끝내고 말 것이다.

3. 위 문법을 사용하여 이야기해 보세요.

• 단점이 있기는 하지만 그래도 마음에 드는 것이 있습니까?

우리 회사는 비록 월급은 적을망정 1년에 한 번 해외여행비를 지원해 줘서 마음에 들어요.

• 다른 사람이 여러분의 기대와 다른 행동을 해서 실망한 적이 있습니까?

언니가 드디어 취직해서 첫 월급을 받았어요. 그런데 저한테 선물을 사 주지는 못할망정 돈을 빌려 달라고 했어요.

어휘 Vocabulary

1. 알맞은 말을 골라 문장을 완성해 보세요.

> 고문하다   시위를 벌이다   언론을 통제하다   인권을 탄압하다   자유를 누리다

1) 숨기고 있는 사실을 알아내기 위해 타인을 때리거나 신체에 고통을 주는 등 __고문하는__ 행위는 법적으로 금지돼 있다.

2) 한 시민 단체는 정부가 _____ 국민이 반드시 알아야 할 뉴스가 보도되지 않고 있다고 주장했다.

3) 동물 보호 단체 회원들이 의류 회사 앞에서 모피* 사용 중단을 요구하며 _____.

4) 인터넷에 익명으로 글을 게시할 수 있는 제도는 모든 사람이 표현의 _____ 수 있는 환경을 제공한다.

5) 박정희 대통령은 한강의 기적을 이루어 냈다는 긍정적인 평가를 받는 한편, 개인의 자유를 제한하고 _____ 독재자라는 부정적인 평가도 받는다.

2. 신문 기사의 제목을 보고 알맞은 말을 골라 문장을 완성해 보세요.

> 저항하다   부정 선거를 저지르다   정권을 교체하다   헌법을 개정하다

1)
> 5·18 민주화 운동을 목격한 시민들의 증언
> "신군부, 쿠데타 세력에 맞서는 시위대를 무력으로 진압해"

5·18 민주화 운동을 목격한 시민들은 __신군부가 쿠데타 세력에 저항하는 시위대를 무력으로 진압했다고 증언했다__.

 모피: 동물의 털이 그대로 붙어 있는 가죽.

2) 자유당 정권, 투표함*을 바꿔치기하는* 등 부정한 방법으로 선거 치러

자유당 정권은 _____.

3) 박정희 대통령, 헌법 고쳐 장기 집권을 위한 기반 마련

박정희 대통령은 _____.

4) 6·10 민주 항쟁, 평화적으로 정권을 바꾸는 길 열었다는 평가

6·10 민주 항쟁은 _____.

3. 알맞은 말을 골라 글을 완성해 보세요.

단임제   직접 선거제   국무총리를 임명하다   대통령을 선출하다

LEI 백과   대한민국의 정치 제도

대한민국 정부 형태는 기본적으로 대통령 중심제*이다. 국민은 원하는 후보에게 직접 투표하여 뽑는 1) 직접 선거제 를 통해 2) _____. 현재 한국 대통령의 임기는 5년이고 한 번 대통령직을 수행한 사람은 다시 대통령이 될 수 없다. 이러한 5년 3) _____ 는 독재를 막을 수 있다는 것이 장점이다. 반면 단점으로는 장기적인 정책보다 짧은 시간에 평가받는 정책을 우선적으로 실시할 가능성이 있다는 것을 꼽을 수 있다. 대통령은 여러 권한을 갖는데 각부의 장관*과 4) _____ 권한이 그중 하나이다.

투표함: (선거에서) 투표자가 표기를 완료한 투표용지를 넣는 상자.
바꿔치기하다: 원래의 물건이나 사람 등을 다른 물건이나 사람 등으로 몰래 바꾸다.
대통령 중심제: 대통령을 중심으로 운영되는 정부 형태.   **장관**: 나라의 일을 맡아서 하는 각 행정 부서의 최고 책임자.

문법과 표현 3   동-는 한편

1. 다음과 같이 문장을 완성해 보세요.

1) 정명수 박사는 단기간에 살을 빼려면 <u>식사량을 줄이는 한편 운동도 병행해야 한다고</u> 조언한다.
(식사량을 줄이다, 운동을 병행하다)

2) 취업의 문턱이 높아지고 경제 불황이 지속되는 탓에 _____ 청년들이 증가하고 있다.
(낮에는 공부하다, 밤에는 아르바이트로 생계를 유지하다)

3) D 도서관은 학생의 편의를 위해 _____ 결정했다.
(대출 가능 도서 수를 늘리다, 운영 시간을 한 시간 연장하다)

4) 박성웅 시장은 시민의 편의를 위해 _____ 시민들이 누구나 이용할 수 있게 할 계획이라고 밝혔다.
(지하에 자동차 도로를 건설하다, 지상에는 공원을 만들다)

5) 한국 전쟁 후 정부는 _____ 데 주력했다.
(전쟁 통에 파괴된 시설을 복구하다, 경공업을 육성하다)

6) A 백화점에서는 연말을 맞아 _____ 있다.
(할인 행사를 진행하다, 고객들에게 사은품을 증정하다)

2. 다음과 같이 문장을 완성해 보세요.

한국어 학습 전략을 공유해 봅시다

↳ piglet*** 저는 말하기 실력을 키우고 싶습니다. 그래서 한국 친구들을 만나서 많이
1) <u>이야기하는 한편</u> 드라마나 영화를 보고 대사를 따라 하기도 합니다.

↳ sss1143**** 저는 한국어 실력 향상을 위해서는 한국 문화를 많이 아는 것이 중요하다고 생각해요. 그래서 한국 문화에 대한 책을 많이 2) _____ 한국에서 여행을 다니면서 직접 그 문화를 느끼기도 해요.

↳ bagu**** 저는 번역가가 꿈이에요. 그래서 모국어로 된 책을 한국어 표현으로 3) _____ 한국어에만 있는 표현은 꼭 메모해 두었다가 반복해서 봅니다.

3. 위 문법을 사용하여 다음 주제에 대해 이야기해 보세요.

건강을 지키는 방법   한국어 실력을 키우는 방법   가족이나 친구 사이에 생긴 오해를 푸는 방법

건강을 지키기 위해서는 매일 조금씩이라도 운동하는 한편 항상 긍정적인 마음을 갖는 것이 중요하다고 생각합니다.

문법과 표현 4   동-는 한이 있어도

1. 다음과 같이 문장을 완성해 보세요.

1)
그 가수는 <u>목이 쉬는 한이 있어도</u> 팬들을 위해 끝까지
(목이 쉬다)
노래하겠다고 말했다.

2)
김준민 시장은 자신이 시장직에서 _____
(물러나다)
도시 개발 프로젝트를 중단할 수 없다는 뜻을 밝혔다.

3)
열심히 일해도 부자가 되기 쉽지 않은 현실 때문에, 많은 청년이 _____ 주식*에 투자하겠다고
(돈을 잃다)
응답했다.

4)
가수 K 씨는 _____ 해병대*에 가겠다고
(고생하다)
해서 팬들에게 좋은 인상을 남겼다.

5)
L 기업의 사장은 회사의 _____ 취약
(이윤이 줄어들다)
계층을 위한 기부를 멈추지 않겠다고 말했다.

주식: 주식회사의 자본을 같은 값으로 나누어 놓은 단위.   **해병대**: 땅과 바다 어디에서도 싸울 수 있도록 훈련된 부대.

2. 다음과 같이 대화를 완성해 보세요.

   1) 가: 내일 비가 많이 온다던데요. 밖에서 비를 맞으면서 여행하느니 차라리 여행을 취소하는 게 좋지 않을까요?
      나: <u>비를 맞는 한이 있어도</u> 여행을 포기할 수는 없어요.

   2) 가: 잠잘 시간조차 없이 바쁘실 텐데 이렇게 아이들 간식을 직접 만드시는 이유가 있나요?
      나: _____ 아이들 먹일 음식은 꼭 제 손으로 만들어야 안심이 돼서요.

   3) 가: 언어도 안 통하는 나라에 가서 일을 하겠다니, 힘들 텐데 버틸 수 있겠어?
      나: 중간에 _____ 일단 새로운 곳에서 또 다른 도전을 해 보고 싶어.

   4) 가: 회사를 그만둔 후에 밥 사 먹을 돈도 없다고 들었어. 부모님께 도와 달라고 하는 게 어때?
      나: _____ 부모님께 손을 벌리지는* 않을 거야.

   5) 가: 1980년대에는 언론 통제가 심했다고 들었는데 박종철 군의 고문 사건이 어떻게 보도될 수 있었을까요?
      나: 목숨을 _____ 세상에 진실을 알리고자 한 용감한 기자들 덕분이지요.

3. 위 문법을 사용하여 여러분들이 꼭 하고 싶은 일에 대해 이야기해 보세요.

   저는 해외여행을 정말 좋아합니다. 돈을 모으지 못하는 한이 있어도 해외여행을 꾸준히 다닐 생각입니다.

손을 벌리다: 다른 사람에게 돈을 달라는 등의 부탁을 하다.

복습 4

어휘 Vocabulary

▶ 정리하기

✎ 다음에서 알고 있는 어휘에 ✔ 해 보세요.

7-1과

변명하다 ☐	갈등을 극복하다 ☐	자존감을 지키다 ☐
억제하다 ☐	갈등이 내재되다 ☐	행동을 예측하다 ☐
절제하다 ☐	마음을 헤아리다 ☐	과학적으로 연구하다 ☐
충동구매하다 ☐	반발심이 생기다 ☐	핑곗거리/구실을 만들다 ☐
남을 의식하다 ☐	인격을 형성하다 ☐	무의식적/의식적으로 행동하다 ☐
탓으로 돌리다 ☐	자아를 탐색하다 ☐	

7-2과

동조하다 ☐	책임을 미루다 ☐	실험을 설계하다 ☐
혼동하다 ☐	가설을 세우다 ☐	실험을 진행하다 ☐
무임승차하다 ☐	가설을 검증하다 ☐	분위기에 휩쓸리다 ☐
배척하다/배척당하다 ☐	게으름을 피우다 ☐	연구 문제를 설정하다 ☐
착각에 빠지다 ☐	결론을 도출하다 ☐	집단의 행동을 따르다 ☐

8-1과

서비스업 ☐	시장 점유율 ☐	호황을 누리다 ☐
수출액/수입액 ☐	경기 둔화/회복 ☐	산업을 육성하다 ☐
공업/경공업/중공업 ☐	수출/수입 품목 ☐	실적을 달성하다 ☐
농업/수산업/임업/축산업 ☐	선 성장 후 분배 정책 ☐	도약기를 맞이하다 ☐
무역 규모 ☐	돌파하다 ☐	원조를 받다/원조하다 ☐
무역 수지 ☐	부채를 갚다 ☐	흑자/적자를 기록하다 ☐
첨단 산업 ☐	위기를 맞다 ☐	

8-2과

단임제/중임제 ☐	고문하다 ☐	언론을 통제하다 ☐
입법부/사법부/행정부 ☐	선출하다 ☐	인권을 탄압하다 ☐
직접/간접 선거제 ☐	임명하다 ☐	정권을 교체하다 ☐
독재 체제 ☐	저항하다 ☐	헌법을 개정하다 ☐
삼권 분립 ☐	투표하다 ☐	무력으로 진압하다 ☐
장기 집권 ☐	시위를 벌이다 ☐	부정 선거를 저지르다 ☐
견제하다 ☐	자유를 누리다 ☐	

평가하기

[1~5] 다음 (   )에 들어갈 가장 알맞은 것을 고르세요.

1.
   직원이 실수했을 때 야단을 치면 반성하는 마음보다는 (   )이 생긴다. 따라서 다음에는 더 잘하라고 격려하는 것이 효과적이다.

   ① 반발심　　　② 억제력　　　③ 자존감　　　④ 자존심

2.
   9월 1일 오늘의 말띠 운세
   2002년생: 순간적으로 다른 사람들의 말에 (   ) 행동할 가능성이 커요. 남이 한다고 무조건 따라 하지 말고 자신의 중심을 잃지 않도록 하세요.

   ① 몰두해서　　　② 연행돼서　　　③ 착각해서　　　④ 휩쓸려서

3.
   가: 선생님, 조선 시대의 선비들은 권력에 대한 욕심 없이 살았다고 들었는데요. 집권 세력에 늘 순응하기만 했나요?
   나: 권력 욕심은 없었지만, 집권 세력을 (   ) 그들이 마음대로 결정하는 것을 막는 역할을 했어요.

   ① 견제하고　　　② 대응하고　　　③ 배려하고　　　④ 배제하고

4.
   H 사의 친환경 자동차 판매량이 올해 해외 시장에서 2만 대를 기록했다. 이는 전년보다 70.7% 늘어난 수치이며, 브랜드 역사상 최대 판매 (   ) 것이라고 한다.

   ① 산업을 육성한　　② 실적을 달성한　　③ 적자를 기록한　　④ 수출을 촉진한

5.
   가: 1980년 신군부는 언론 기관을 강제로 통폐합했어요. 각 언론사에 기사 보도를 위한 보도 지침도 보냈는데, 여기에는 보도 방향, 보도의 내용과 형식도 포함돼 있었대요.
   나: 표현의 자유는 민주주의 사회의 기본인데 그런 (   )을/를 했다는 것은 심하네요.

   ① 언론 통제　　　② 정권 교체　　　③ 시위 진압　　　④ 인권 탄압

[6~10] 다음 밑줄 친 부분과 의미가 비슷한 것을 고르세요.

6. 월요일과 금요일에 대한 인식은 확실한 반면, 화요일과 수요일에 관한 인식은 흐릿하여 요일을 헷갈리는 경우가 많다고 한다.

① 의식하는   ② 인식하는   ③ 조절하는   ④ 혼동하는

7. 영화 〈공포의 도시 2〉는 개봉 25일 만에 관객 수 1,000만 명을 넘어섰다.

① 도약했다   ② 도출했다   ③ 돌파했다   ④ 전망했다

8. 지난 8월, A 식품 회사가 주최한 간담회*에서 미래 먹거리 산업을 키우기 위한 구체적인 방안이 논의되었다.

① 운영하기   ② 유도하기   ③ 유래하기   ④ 육성하기

9. 나는 너무 화가 나서 앞에 있는 물건을 집어 던지고 싶은 충동을 억누르느라 힘들었다.

① 극복하느라   ② 분산하느라   ③ 억제하느라   ④ 형성하느라

10. 태어난 환경이나 성장 배경의 차이로 누군가는 다른 사람보다 불리한 상황에 처할 수 있다. 그러나 주변 사람이나 환경 탓을 하면 불평과 불만만 늘어날 뿐 자신의 삶은 변하지 않는다.

① 핑계를 대면   ② 구실을 만들면
③ 자존감을 지키면   ④ 이유를 예측하면

 간담회: 정답게 서로 이야기를 나누는 모임.

[11~13] 다음 (   )에 공통적으로 들어갈 단어를 고르세요.

11.
- 하진이는 자신이 제일 똑똑하다는 착각에 (   ) 있다.
- 명수는 동창회에 꼭 참석하고 싶었지만 일이 많아 결국 (   ) 수밖에 없었다.
- 원하는 회사에서 불합격 통보를 받았을 때 다리에 기운이 (   ) 그대로 주저앉았다.

① 미루다 ② 빠지다 ③ 생기다 ④ 떨어지다

12.
- 독재 정권이 물러난 후 헌법이 개정되고 국민들도 자유를 (   ) 되었다.
- 가수 임시연이 이번 신곡 〈가을의 추억〉으로 제2의 전성기를 (   ) 있다.
- 값싼 도시락을 찾는 직장인들이 늘자 편의점이 때아닌 호황을 (   ) 있다.

① 기록하다 ② 누리다 ③ 되찾다 ④ 맞이하다

13.
- 지민이랑 예나는 만나면 항상 논쟁을 (   ).
- 대학생들은 등록금을 인하해 달라며 시위를 (   ).
- 나는 공부할 때 책상 위에 책을 많이 (   ) 놓고 공부한다.

① 늘이다 ② 들이다 ③ 벌이다 ④ 올리다

[14~15] 밑줄 친 부분이 어색한 것을 고르세요.

14. ① 우리 언니는 자기가 원하는 것은 <u>기어코</u> 해내는 성격이다.
② 이번 시험은 비교적 쉽게 출제되어 <u>무난히</u> 합격할 것 같다.
③ 이 책에는 우리 조상들의 지혜와 가르침이 <u>오롯이</u> 담겨 있다.
④ 약의 효능을 믿지 않고 복용하면 <u>아예</u> 효과가 있을지 의문이다.

15. ① 경제 위기가 찾아오자 모든 국민들이 <u>허리띠를 졸라매기</u> 시작했다.
② <u>백지장도 맞들면 낫다</u>고 해서 모든 일을 혼자 책임지고 하는 중이다.
③ 주영이와 어제부터 <u>연락이 두절</u>되어서 무슨 일이 있는지 걱정이 된다.
④ 신입 사원을 팀장으로 임명하는 것은 <u>유례가 없는</u> 일이라 직원들이 반대했다.

문법과 표현
Grammar & Expression

▶ 정리하기

✎ 다음에서 알고 있는 문법과 표현에 ✔ 해 보세요.

7-1과

| 명은 고사하고 | ☐ 냉장고에 먹을 것은 고사하고 마실 것도 없다. |
| 동-으려다가도 | ☐ 좋아하는 사람에게 고백하려다가도 막상 만나면 떨려서 아무 말도 안 나온다. |

7-2과

| 동형-을지라도, 명일지라도 | ☐ 내일 날씨가 안 좋을지라도 반드시 여행을 갈 것이다. |
| 동-느냐에 달려있다, 형-으냐에 달려 있다, 명에 달려 있다 | ☐ 행복은 마음가짐에 달려 있다. |

8-1과

| 동-는 통에, 명 통에 | ☐ 장마 통에 한마을 사람들이 모두 집을 잃었다. |
| 동형-을망정 | ☐ 돈을 빌려 간 친구가 갚지는 못할망정 언제 돈을 빌렸느냐고 시치미를 뗐다. |

8-2과

| 동-는 한편 | ☐ 스티븐은 한국어 공부를 열심히 하는 한편 전공 공부도 게을리하지 않는다. |
| 동-는 한이 있어도 | ☐ 굶어 죽는 한이 있어도 그 일은 절대 안 할 것이다. |

▶ 평가하기

[1~2] 다음 (   )에 들어갈 가장 알맞은 것을 고르세요.

1.
> 회사에서 받는 스트레스가 너무 심해 (   ) 취업을 못 해 고생하던 시절을 떠올리면 그래도 참고 계속 다녀야겠다는 생각이 들어요.

① 그만두려다가도　② 그만둔다기보다는　③ 그만두기만 하면　④ 그만두는 가운데

2.
> 소방관 A 씨는 화재 현장이 아무리 (   ) 안에 있는 사람을 구조해야 한다고 생각해서 불길* 속으로 들어갔다.

① 위험하리라   ② 위험하거니와   ③ 위험하면서도   ④ 위험할지라도

[3~4] 다음 밑줄 친 부분과 의미가 비슷한 것을 고르세요.

3.
> 사람들이 시끄럽게 <u>떠드는 통에</u> 교수님의 강연에 집중할 수 없었다.

① 떠드는 한   ② 떠드는 이상   ③ 떠드는 바람에   ④ 떠드는 덕분에

4.
> 지갑을 잃어버린 사람에게 지갑을 찾아 줬는데 <u>인사는 고사하고</u> 안에 있던 돈이 어디 갔느냐고 도리어 화를 내더라고요.

① 인사하되   ② 인사하느라고   ③ 인사하려다가   ④ 인사하기는커녕

[5~7] 알맞은 표현을 골라서 대화를 완성하세요.

> -는 한이 있어도   -을망정   -는 한편   에 달려 있다

5. 가: 한국어 듣기를 잘하려면 어떻게 해야 할까?
   나: 한국어 듣기 실력은 얼마나 많이 _____. 라디오도 많이 듣고, 한국인 친구들과도 많이 대화해 봐.

6. 가: 사장님, 밀가루 가격이 오르는데 빵 가격도 올려야 하지 않을까요?
   나: 손해를 _____ 빵값을 올릴 수는 없어요. 우리 가게 이름이 '싸고 맛있는 빵집'이잖아요.

7. 가: 총장에 취임하신 것을 축하드립니다. 한 말씀 부탁드립니다.
   나: 감사합니다. 앞으로 학교 직원들의 복지를 _____, 학생들의 학습 환경도 개선하도록 노력하겠습니다.

📝 **불길**: 강하게 타오르는 불꽃.

듣기 Listening

[1] 다음을 듣고 질문에 답하세요.

1. 무엇에 대해 이야기하고 있는지 고르세요.

   ① 칭찬의 부정적인 효과 ② 칭찬하는 방법의 중요성
   ③ 학습 성과를 높이는 방법 ④ 도전 의식과 학습 성과와의 관계

[2~3] 다음 대화를 듣고 질문에 답하세요.

2. 여자의 말하기 방식으로 알맞은 것을 고르세요.

   ① 역사적 사건을 묘사하고 있다.
   ② 두 가지 평가를 비교하고 있다.
   ③ 정치에 관한 용어를 정의하고 있다.
   ④ 예시를 통해 의견을 뒷받침하고 있다.

3. 남자의 중심 생각으로 알맞은 것을 고르세요.

   ① 박 대통령은 국민의 자유를 억압한 독재자이다.
   ② 박 대통령은 혼자 힘으로 한강의 기적을 이뤘다.
   ③ 박 대통령에 대한 역사적인 평가를 다시 해야 한다.
   ④ 박 대통령은 역대 대통령 중 가장 훌륭한 대통령이다.

[4~5] 다음 뉴스를 듣고 질문에 답하세요.

4. 이 뉴스의 중심 내용으로 알맞은 것을 고르세요.

   ① 품목별 수출액의 순위
   ② 무역 수지의 연속 적자
   ③ 에너지 가격의 인상 요인
   ④ 주요 수출 상대국의 경기 상황

5. 전문가들이 당분간 현재 상태가 계속될 것으로 전망하는 이유로 알맞은 것을 고르세요.

   ① 한류 문화 콘텐츠의 수출 성장세 둔화
   ② 반도체, 석유 제품, 자동차의 수요 감소
   ③ 에너지 사용량 증가로 인한 수입액의 증가
   ④ 에너지 가격 상승과 전 세계적인 경기 둔화

 재임 기간: 어떤 임무나 직책을 맡은 기간. **고공 행진**: 어떤 것의 수치가 계속해서 오르는 현상.
원유: 땅속에서 뽑아낸 상태 그대로의 기름.

읽기 Reading

[1~2] 다음 글을 읽고 질문에 답하세요.

> 농업 중심의 산업 구조를 갖고 있던 한국에서 본격적인 산업화가 시작된 것은 1960년대이다. 자원이 부족했던 한국은 풍부한 노동력을 활용하여 경공업을 육성하고 수출 주도형 산업 구조를 마련했다. (㉠) 1970년대에는 철강, 조선 등 중화학 공업에 집중하면서 수출 100억 달러를 달성했다. (㉡) 1980년대에 들어서면서 한국은 경제 호황을 누리게 되었다. 1인당 국민 소득은 1만 달러를 달성했고 자동차, 가전제품 등의 수출로 세계 시장을 넓혀 갔다. 또한 1990년대에 들어서는 세계 1위 메모리 반도체 수출국으로 자리 잡았다. (㉢) 이렇게 승승장구하는 듯 보였던 한국 경제는 1997년 IMF 외환 위기를 맞게 되었다. 그러나 정부와 국민의 노력에 힘입어 예정보다 3년 일찍 국제 통화 기금에 부채를 갚고 경제 위기를 탈출했다. (㉣) 현재 한국은 명실상부한* 세계 경제 강국 중 하나라고 할 수 있다.

1. 이 글의 제목으로 알맞은 것을 고르세요.
① 산업화로 인한 문제점
② 한국 농업의 변천 과정
③ 한국 경제의 발전 과정
④ 경제 위기에 따른 문제점

2. 이 글에서 보기 의 글이 들어가기에 가장 알맞은 곳을 고르세요.

> 보기 당시 한국의 주요 수출품은 합판, 가발, 신발 등이었으며 섬유 제품이 전체 수출의 40%를 차지했다.

① ㉠ ② ㉡ ③ ㉢ ④ ㉣

*명실상부하다: 이름과 실제가 꼭 맞는 데가 있다.

[3~5] 다음 글을 읽고 질문에 답하세요.

> 1964년 뉴욕에서 한 여성이 새벽에 귀가하던 중 강도를 만났다. 그녀는 소리를 지르며 저항했으나 결국 살해되고 말았다. 당시 살인을 목격한 사람이 38명이나 있었지만 구조는 고사하고 아무도 경찰에 신고조차 하지 않았다는 사실이 알려지자 미국 사회는 큰 충격에 빠졌다. 이 사건을 계기로 방관자 효과라는 심리학 용어가 생겨났다. 방관자 효과란 어려움에 빠졌을 때 주변에 사람이 많으면 (   ) 오히려 도움을 받을 확률이 낮아진다는 심리학 용어이다. 이러한 방관자 효과를 확인할 수 있는 유사한 사건이 서울 한복판에서도 발생했다. 60대 남성이 '묻지마 살인'을 당하는 동안에 무려 53명의 목격자가 있었지만 아무도 가해자를 말리지도, 피해자를 구조하지도 않았던 것이다. 피해자를 돕다가 오히려 위험에 빠질 것이 우려돼서 선뜻* 나서지 못하는 마음은 이해되지만, <u>53명 중에 용감한 시민이 단 한 명도 없었다는 사실에 한숨만 나온다.</u> 남에게 책임을 미루지 않는 시민 의식과 이웃에 대한 작은 관심의 중요성이 어느 때보다 절실하게 느껴진다. 방관자들이 책임 의식을 가진 시민으로 변할 때 비로소 건강한 사회가 되기 때문이다.

3. 이 글을 쓴 목적으로 가장 알맞은 것을 고르세요.
   ① 방관자 효과의 개념을 알리기 위해
   ② 뉴욕의 살인 사건을 보도하기 위해
   ③ 범죄 예방의 중요성을 강조하기 위해
   ④ 이웃에 대한 관심의 필요성을 알리기 위해

4. (   )에 들어갈 내용으로 알맞은 것을 고르세요.
   ① 착각에 빠져서
   ② 책임이 분산돼서
   ③ 관심이 집중돼서
   ④ 책임감이 강해져서

5. 밑줄 친 부분에 나타난 글쓴이의 태도로 알맞은 것을 고르세요.
   ① 범죄가 심각해짐을 우려하고 있다.
   ② 방관자 효과의 문제점을 비판하고 있다.
   ③ 용감한 시민에 대한 존경심을 드러내고 있다.
   ④ 타인에게 무관심한 현실을 안타까워하고 있다.

 선뜻: 아무 망설임이나 어려움 없이 쉽게.

쓰기 Writing

✏️ **다음 주제로 글을 쓰세요. (600~700자)**

여러분 나라와 한국의 정치 제도 및 정부 형태가 어떻게 같고 다른지 비교·대조하는 글을 써 보세요.

말하기 과제
Speaking Task

✏️ **한국 사회의 변화 과정에 대해 자신이 조사한 내용을 정리하여 친구들과 공유해 봅시다.**

준비하기 네 명이 한 조가 됩니다. 연대별로 담당자를 정해 보세요.

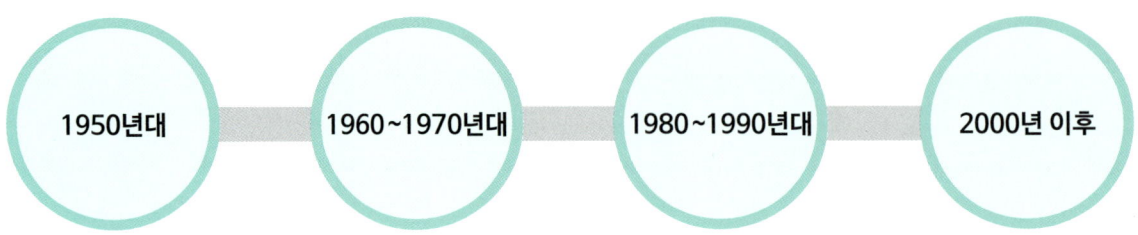

활동하기

1. 연대별 담당자끼리 다시 전문가 조를 구성합니다. 맡은 주제의 전문가가 되려면 무엇을 알아야 할까요? 조원들과 함께 토의하고 각자 자료를 수집해 보세요.

주제	**예시** 1980~1990년대: 경제 호황과 외환 위기 극복, 민주화 운동
시대적 배경	
주요 산업 및 발전 과정	
주요 사건	
특징	
?	

2. 전문가 조원들과 각자 조사한 내용을 공유하고 보충해 보세요.

> 1970년대의 주요 산업은 철강, 조선, 기계 설비, 석유 화학 등이었습니다. 정부는 이러한 중화학 공업에 집중적으로 투자하면서 경제 발전을 지속했습니다.

> 제가 더 보충해 보자면, 한국은 이 시기에 처음 철강을 생산하고 조선소를 세워 배를 만들기 시작했다고 합니다.

발표하기 원래 자신의 조로 다시 돌아가서 조원들에게 정리한 내용을 발표해 보세요.

> 저는 1960~1970년대 한국 경제의 특징을 조사해 왔습니다. 1960년대 한국 경제의 특징은 노동 집약적인 경공업 중심의 경제 구조라고 요약할 수 있습니다.

평가하기 여러분 조가 수합한 내용을 정리하고 평가해 보세요.

복습 1

[1] 다음을 듣고 질문에 답하세요.

남: 다음은 1047님이 보내 주신 질문입니다.

"어설픈 위로는 오히려 상처가 될 수도 있다는 생각에 위로의 말을 건네는 것이 부담스러워요. 진심 어린 위로를 전하려면 어떻게 해야 할까요?"

슬픈 일을 겪은 친구한테 어떻게 위로를 건네야 할지 고민하시는 분들이 기억해 두면 좋은 원칙이 있습니다. 먼저 상대의 감정에 공감해 주세요. "정말 화가 나겠구나, 상실감이 크겠구나."라고요. 두 번째로 상대가 보이는 감정이나 반응이 당연하다는 것을 알려 주는 겁니다. 예를 들어 "내가 너라도 포기했을 거야. 그런 상황에서는 눈물을 쏟는 게 당연하지."와 같은 말을 건네면 좋습니다. 마지막으로 친구가 좋아하는 일을 함께 하는 것입니다. 때로는 말없이 어깨를 토닥여 주거나 친구와 매운 떡볶이를 먹으며 같이 울어 주는 것이 어설픈 위로보다 더 큰 힘이 되지 않을까요?

[2~3] 다음 대화를 듣고 질문에 답하세요.

남: 요즘 배춧값이 폭락해서 농민들의 시름이 깊어지고 있습니다. 작년 가을 배춧값이 폭등한 것과는 아주 대조적인데요. 교수님, 공산품 가격은 비교적 안정적인 데 비해 농산물 가격이 폭등과 폭락을 반복하는 이유는 무엇일까요?

여: 그 이유는 수요가 급증해 가격이 불안정해졌을 때 공산품은 바로 공급을 늘릴 수 있지만, 농산물은 그러지 못하기 때문입니다. 예를 들어, 팬데믹 초기에 마스크 수요가 급증하자 정부에서 마스크 생산을 확대하여 단기간에 소비자에게 마스크를 원활히 공급할 수 있었습니다. 하지만 농산물의 경우는 이렇게 단기간에 생산량을 늘릴 수 없겠지요? 실제로 작년 여름, 배추의 수요는 예년과 다름없었는데 불볕더위로 인해 생산량이 크게 감소했습니다. 하지만 배추를 생산하려면 일정한 자연조건과 시간이 필요하므로 짧은 시간 안에 생산량을 늘리는 것은 불가능하죠. 이런 이유로 농산물은 수요에 따른 공급 조절이 어렵고, 따라서 가격이 불안정할 수밖에 없는 것입니다.

[4~5] 다음 강연을 듣고 질문에 답하세요.

여: 공정 무역이란 저개발국의 생산자들에게 정당한 대가를 지불하여 생산자들이 빈곤에서 벗어나 경제적으로 자립할 수 있도록 도와주는 무역 형태를 말합니다. 최근 윤리적 소비에 대한 관심이 높아지면서 공정 무역도 점차 확산하는 추세이죠. 그런데 공정 무역에는 긍정적인 측면만 있는 것은 아닙니다. 공정 무역 인증 기준이 까다로워서 최빈국의 농민들은 이를 맞추지 못하고 결국 상대적으로 덜 빈곤한 나라의 생산자들이 공정 무역의 혜택을 얻게 되는 경우가 많다고 합니다. 게다가 기업들이 공정 무역을 마케팅 목적으로만 이용하고 소비자에게 정확한 유통 정보를 제공하지 않는다는 비판적인 시각도 있습니다. 따라서 소비자는 공정 무역 제품이라고 해서 무조건 믿고 구매할 것이 아니라 상품이 어떻게 생산되고 유통되는지 꼼꼼히 따져 봐야 합니다. 또한 기업은 공정 무역이 그 지역 생산자들에게 실제로 도움이 되는지 확인하고, 소비자에게 투명한 정보를 공개할 의무가 있습니다.

복습 2

[1] 다음을 듣고 질문에 답하세요.

남: 언어와 문화는 밀접한 관련이 있습니다. 여러분도 아시다시피 유교 문화는 오랜 시간 한국 사회에 많은 영향을 미쳤는데요. 이는 한국인이 사용하는 언어에도 반영되어 있습니다. 높임 표현이 발달했다든지 복잡한 호칭어 체계를 가졌다든지 하는 점은 한국어에 반영된 유교 문화의 영향을 보여 줍니다. 먼저, 높임 표현에 대한 예를 살펴보겠습니다. '안녕히 주무십시오', '안녕히 주무세요', '잘 자요', '잘 자'는 모두 같은 의미를 가진 문장입니다. 그러나 '안녕히 주무십시오'는 격식적인 상황에서 서열이 높은 사람에게 사용하는 반면 '잘 자'는 비격식적인 상황에서 서열이 낮은 사람에게 사용합니다. 다음으로 복잡한 호칭어 체계에 대한 예를 들자면, 영어에서는 여성인 친척 어른을 전부 'aunt'라고 부르지만 한국어에서는 '고모', '이모', '큰어머니', '작은어머니', '외숙모' 등으로 세분되어 있습니다. 이처럼 한국어의 높임 표현과 호칭어에는 관계와 서열을 중시하는 유교 문화가 반영되어 있습니다.

[2~3] 다음 대화를 듣고 질문에 답하세요.

여: 요즘 추천 알고리즘 때문에 신경 쓰여. 동영상 재생 사이트에 들어갈 때마다 이전에 본 것과 비슷한 콘텐츠만 목록에 뜨잖아. 내 미디어 사용 기록이 온라인상에 저장된다는 게 찜찜하지 않아?

남: 별로. 난 오히려 추천 알고리즘 덕분에 취향에 딱 맞는 영화를 계속 볼 수 있어서 좋던데. 뭘 볼지 검색하고 고민하는 시간을 줄일 수 있어서 얼마나 편한지 몰라.

여: 그래도 선호하는 콘텐츠만 소비하고 유사한 생각을 가진 사람들하고만 소통하다 보면 편향된 사고를 갖게 될 확률이 높아지지 않을까?

남: 그 말도 일리는 있지만, 요즘같이 정보가 넘치는 시대에는 꼭 필요한 기능인 것 같은데. 게다가 알고리즘이 추천해 준 콘텐츠를 보고 비슷한 관심사를 가진 사람들과 감상을 공유하면서 유대감을 형성할 수 있다는 장점도 있잖아.

| 부록 Appendix |

[4~5] 다음 뉴스를 듣고 질문에 답하세요.

남: 청소년은 미디어 콘텐츠의 소비자일 뿐 아니라 적극적인 생산자라는 조사 결과가 나왔습니다.
　　LEI미디어센터가 전국의 중고등학생 1,000명을 대상으로 미디어 사용 실태를 조사한 결과, 60%가 넘는 청소년이 미디어 콘텐츠를 생산한 경험이 있다고 응답했습니다. 제작한 콘텐츠의 종류는 영상이 45.3%로 1위를 차지했으며, 사진 23.2%, 디자인 15% 순이었습니다.
　　또한 SNS나 커뮤니티 사이트 등에 본인이 생산한 콘텐츠를 공유한 적이 있느냐는 질문에 세 명 중 두 명이 그렇다고 대답했습니다. 제작물을 공유하는 이유로는 41%가 '생각과 의견을 표현하고 공감과 응원을 받기 위해'라고 응답했고, '진학이나 취업을 위한 포트폴리오를 만들기 위해', '나의 존재감을 알리기 위해' 등이 그 뒤를 이었습니다.
　　전문가들은 청소년에게 미디어는 놀이 문화를 즐기는 공간인 동시에 사회적 관계를 맺고 창의적 사고력을 기를 수 있는 공간이기도 한 만큼, 건전한 미디어 생태계를 만들기 위한 모두의 책임이 중요하다고 강조했습니다.

복습 3

[1] 다음을 듣고 질문에 답하세요.

남: 지역 방언이 소멸될 위기에 처해 있습니다. 방언은 지역의 정서를 담고 있는 소중한 문화유산인데, 이런 방언이 사라진다면 우리의 정신과 문화의 맥이 끊기게 될 것입니다. 위기에 처한 지역 방언을 보존하고 사용을 활성화하려면 미디어의 역할이 중요합니다. 최근 제주도를 배경으로 한 드라마 덕분에 대중이 제주 방언에 큰 관심을 보인 사례가 있었습니다. 이것만 보더라도 미디어가 방언 보존에 큰 역할을 할 수 있음을 알 수 있습니다. 따라서 지역민의 정서를 담은 콘텐츠가 많이 제작될 수 있는 환경을 조성하고 지역 뉴스나 라디오 방송은 지역 방언으로 진행할 것을 장려해야 합니다. 또한 지역 방언 퀴즈, 지역 방언 말하기 대회 등 지역 방언을 활용할 수 있는 행사를 개최하는 것도 하나의 방안이 될 것입니다.

[2~3] 다음 대화를 듣고 질문에 답하세요.

여: 정부가 추진하는 공공 예술 프로젝트를 둘러싼 논란이 끊이지 않고 있습니다. 얼마 전에는 한 공공 미술 작품이 표절 논란에 휩싸이기도 했었고 설치된 작품이 관리 부실로 흉물로 전락한 사례도 있었습니다. 이런 논란에 대해 어떻게 생각하십니까?
남: 공공 예술 프로젝트는 낙후된 지역을 활성화하고 지역 주민들에게 예술을 향유할 수 있는 기회를 제공하고자 하는 취지로 계획된 것인데, 논란의 대상이 된다는 것 자체가 안타까울 따름입니다.
여: 주민들에게도 외면당하는 공공 예술 프로젝트를 중단하고 차라리 다른 곳에 세금을 쓰는 것이 낫겠다는 의견도 있는데요.
남: 글쎄요, 일부 그런 의견도 있다는 것은 인정하지만, 공공 예술을 환영하는 주민들도 많습니다. 무작정 중단하기보다는 국내외 공공 예술 프로젝트의 성공 사례를 참고하여 문제를 해결할 방법을 모색해야 합니다. 예를 들어 프랑스에서는 중앙 정부가 공공 예술 프로젝트를 전담함으로써 프로젝트에 필요한 예산과 인력을 안정적으로 투입하고 있습니다. 이 덕분에 유지, 보수 등 관리가 더 효율적으로 이루어질 수 있는 거지요. 또한 영국에서는 예술가가 지역 주민들과 직접 소통하면서 예술 작품의 질을 높이고 대중과 공감대를 형성한 사례도 있다고 합니다. 이런 사례들을 통해 공공 예술을 더 좋은 방향으로 발전시킬 방법을 찾을 수 있을 거라 생각합니다.

[4~5] 다음 발표를 듣고 질문에 답하세요.

여: 안녕하십니까? 저는 오늘 여러분께 미술 치료에 관해서 말씀드리려고 합니다. 제가 이 주제를 선택한 이유는 저희 할머니가 치매에 걸리셨는데 최근 미술 치료를 받으시면서 많이 호전되는 모습을 봤기 때문입니다.
　　먼저 미술 치료란 무엇인가에 대해 알아보겠습니다. 미술 치료는 심리적 어려움을 겪고 있는 사람들의 마음을 미술 활동을 통해 치유하는 심리 치료 기법의 한 종류입니다.
　　미술 치료의 방법으로는 그림 그리기, 콜라주, 찰흙 빚기 등 다양한 기법이 있습니다. 그중 대표적 예인 콜라주는 최근 가장 많이 활용되는 기법으로, 잡지 속 사진이나 그림을 잘라 붙여서 작품을 만듭니다. 따라서 그림 그리는 것에 어려움을 느끼는 노인이나 지적 장애를 가진 사람도 쉽게 접할 수 있습니다.
　　다음으로 미술 치료의 효과를 살펴보겠습니다. 우선 미술 치료는 말로 쉽게 표현하지 못하는 자신의 감정을 미술 활동을 통해 표현하게 함으로써 스트레스를 완화합니다. 두 번째로 걱정이나 근심을 없애고 현재 상황에 온전히 집중하게 하여 정서적 안정을 얻게 합니다. 마지막으로 미술 치료는 무의식의 세계를 탐색하는 과정을 통해 내면을 들여다보게 하며, 자신의 삶의 목표를 스스로 발견하도록 도와줍니다.

복습 4

[1] 다음을 듣고 질문에 답하세요.

여: 칭찬에 인색한 우리나라에서도 얼마 전부터 칭찬의 중요성이 부각되고 있는데요. 최근 칭찬을 어떻게 하느냐에 따라 결과가 달라질 수 있다는 연구 결과가 나와서 눈길을 끌었습니다. 한 심리 연구소에서 중고등학생 300명을 대상으로 실험을 실시했습니다. 학생들을 두 집단으로 나누어 한 집단에는 높은 점수를 받았다고 칭찬하고 다른 집단에는 높은 점수가 아니라 열심히 공부한 과정을 칭찬해 줬습니다. 실험 결과, 점수가 높다고 성과에 대한 칭찬을 받은 아이들은 다음번 시험에서 어려운 문제를 쉽게 포기한 반면, 과정

에 대해 칭찬을 받은 아이들은 어려운 문제에도 도전하려는 태도를 보였습니다. 이를 통해 성과가 아닌 과정과 노력에 대한 칭찬이 훨씬 효과적이라는 결론을 도출할 수 있습니다.

[2~3] 다음 대화를 듣고 질문에 답하세요.

여: 한국 사람들 중에 박정희 대통령을 긍정적으로 평가하는 사람이 많다고 들었어요.
남: 그런 평가도 있지만 제 생각에 박 대통령은 국민의 자유를 억압한 독재자인 것 같아요. 장기 집권의 기반을 마련하기 위해 헌법을 개정하고 정부에 저항하는 세력을 강력히 탄압했잖아요.
여: 하지만 대한민국이 한강의 기적을 이룬 데에는 박정희 대통령의 역할이 정말 크지 않았을까요? 예를 들면, 박 대통령 재임 기간에 시행된 경제 개발 5개년 계획이나 경부 고속 도로 건설이 한국 경제가 이만큼 성장하는 데 크게 기여를 했다고 알고 있어요.
남: 물론 박 대통령이 한국의 경제 성장에 이바지한 부분은 인정하지만 그건 박정희 대통령 혼자의 힘으로 이루어 낸 건 아니라고 봐요. 가난할망정 희망을 버리지 않고 묵묵히 땀 흘려 일한 국민의 노력도 있었기에 한강의 기적이 가능했던 것이라고 생각해요.

[4~5] 다음 뉴스를 듣고 질문에 답하세요.

여: 국제 에너지 가격이 고공 행진을 이어가면서 무역 수지가 넉 달 연속 적자를 기록했습니다. 그나마 호황을 누리던 수출도 올 하반기에는 상승세가 멈출 것이라는 우려도 나옵니다. 자세한 상황을 김찬일 기자가 짚어 봤습니다.
남: 국제 에너지 가격이 줄줄이 인상되면서 원유와 가스, 석탄 등 3대 에너지 수입액은 전년도보다 두 배 가까이 늘었습니다. 수입의 상당 부분을 차지하는 에너지 수입액의 증가가 고스란히 무역 수지에 반영되어 지난달 무역 수지는 42억 5천만 달러의 적자를 기록했습니다. 또한 주요 수출 상대국의 경기 둔화로 수출 증가율이 두 달 연속 한 자릿수에 머물렀습니다. 다만 반도체와 석유 제품, 자동차 등 주요 품목의 수출은 꾸준히 늘고 있고 영화, 드라마, 음악 등 문화 콘텐츠의 수출이 역대 최고 실적을 달성한 건 긍정적인 부분입니다. 한편 전문가들은 국제 에너지 가격 상승과 세계적인 경기 둔화로 인해 당분간 무역 적자가 계속될 것으로 전망했습니다.

모범 답안 Answer Key

| 부록 Appendix |

1. 삶의 향기

1-1. 위로가 있는 삶

어휘 p. 14

1.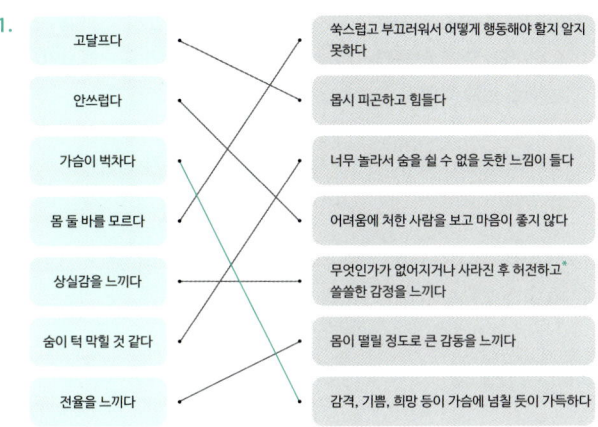

   2) 고달파도
   3) 전율을 느꼈다
   4) 숨이 턱 막힐 것 같았다
   5) 몸 둘 바를 모르겠다고
   6) 안쓰럽다
   7) 상실감을 느꼈다

2. 2) 투덜거렸다 3) 손을 내밀어 주는
   4) 다리가 후들거렸다

3. 2) 버겁게 느껴지고 3) 울먹이며
   4) 어깨를 토닥였다 5) 위로를 건넸다
   6) 눈물이 핑 돌았다

문법과 표현 ❶ 동-는 터라, 형-은 터라, 명인 터라 p. 16

1.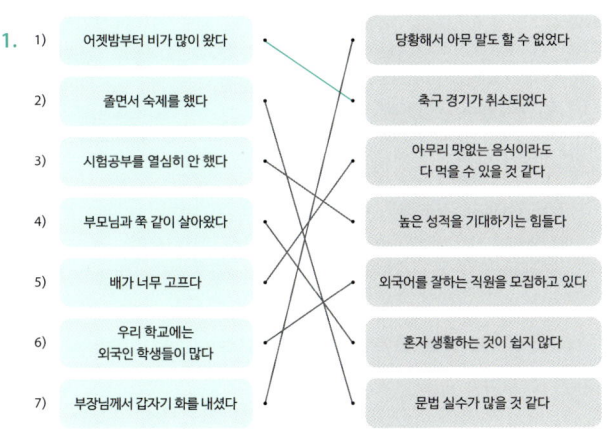

   2) 졸면서 숙제를 한 터라 문법 실수가 많을 것 같다
   3) 시험공부를 열심히 안 한 터라 높은 성적을 기대하기는 힘들다
   4) 부모님과 쭉 같이 살아온 터라 혼자 생활하는 것이 쉽지 않다
   5) 배가 너무 고픈 터라 아무리 맛없는 음식이라도 다 먹을 수 있을 것 같다
   6) 우리 학교에는 외국인 학생들이 많은 터라 외국어를 잘하는 직원을 모집하고 있다
   7) 부장님께서 갑자기 화를 내신 터라 당황해서 아무 말도 할 수 없었다

2. 2) 바뀌는 터라   3) 나가야 하는 터라
   4) 가지 못한 터라   5) 마감인 터라
   6) 시험 기간인 터라

문법과 표현 ❷ 형-기 짝이 없다 p. 18

1.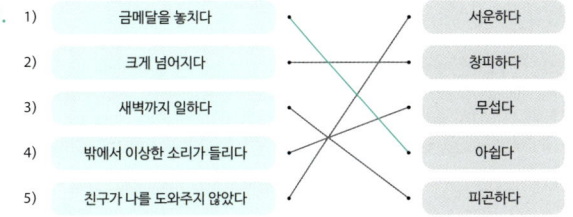

2) 크게 넘어져서 창피하기 짝이 없었다
3) 새벽까지 일을 했더니 피곤하기 짝이 없었다
4) 밖에서 이상한 소리가 들려서 무섭기 짝이 없었다
5) 친구가 나를 도와주지 않아서 서운하기 짝이 없었다

2. 2) 위험하기 짝이 없네요
   3) 무례하기 짝이 없네요
   4) 안타깝기 짝이 없어요
   5) 무책임하기 짝이 없네요

1-2. 성찰이 있는 삶

어휘 p. 20

1.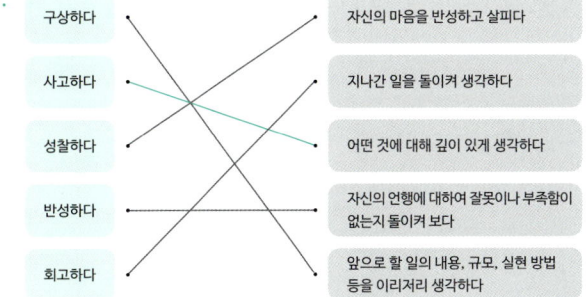

2) 구상하는
3) 반성하고
4) 회고하는
5) 성찰할

2. 2) 비웃은
3) 꺼리게
4) 웃음을 띤
5) 쌀쌀맞게
6) 경고했는데
7) 오기를 부린다고

문법과 표현 ❸ 동-는답시고, 형-답시고, 명이랍시고 p. 22

1. 2) 숙제한답시고
3) 아이돌이 된답시고
4) 바쁘답시고
5) 팬이랍시고
6) 준비한답시고

2. 2) 에너지를 절약한답시고
3) 운동한답시고
4) 배송비를 아낀답시고

문법과 표현 ❹ 동형-으려니 하다, 명이려니 하다 p. 24

1.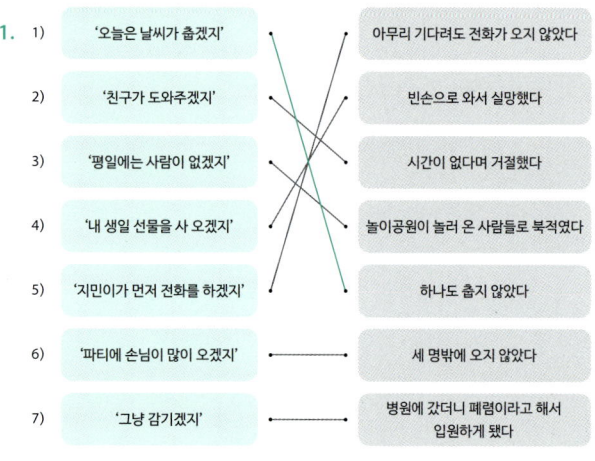

2) 친구가 도와주려니 했는데 시간이 없다며 거절했다
3) 평일에는 사람이 없으려니 했는데 놀이공원이 놀러 온 사람들로 북적였다
4) 내 생일 선물을 사 오려니 했는데 빈손으로 와서 실망했다
5) 지민이가 먼저 전화를 하려니 했는데 아무리 기다려도 전화가 오지 않았다
6) 파티에 손님이 많이 오려니 했는데 세 명밖에 오지 않았다
7) 그냥 감기려니 했는데 병원에 갔더니 폐렴이라고 해서 입원하게 됐다

2. 2) 괜찮으려니 하고
3) 못 받으려니 하고
4) 갚으려니 하면서

2. 경제와 경영

2-1. 물가와 환율

어휘 p. 28

1. 2) 물가가 안정됐다고
3) 하락세를 보이고
4) 달러가 강세를 보이면서
5) 수요가 증가했지만
6) 상승세를 보이고

2. 2) 수요가 감소해서
3) 물가가 폭등해서
4) 공급이 급감한

3. 2) 환율이 상승한다는
3) 환전하는
4) 환율이 하락하고

문법과 표현 ❶ 명과 맞먹다 p. 30

1. 2) 마트와 맞먹을
3) 북한산과 맞먹을
4) 신입 사원 평균 연봉과 맞먹지만
5) 밥 세 공기와 맞먹는다고

2. 2) 제주도 항공권과 맞먹는
3) 새 휴대폰 가격과 맞먹어서

문법과 표현 ❷ 동-자 p. 32

1.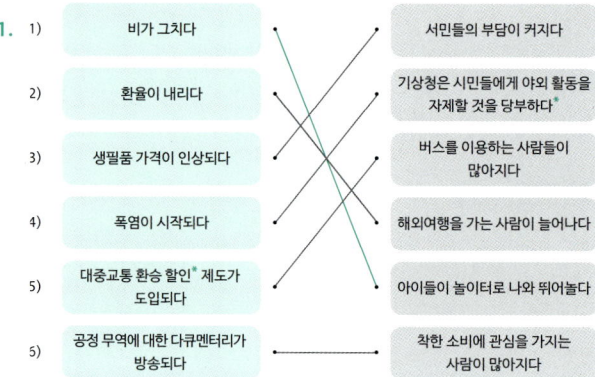

2) 환율이 내리자 해외여행을 가는 사람이 늘어났다
3) 생필품 가격이 인상되자 서민들의 부담이 커졌다
4) 폭염이 시작되자 기상청은 시민들에게 야외 활동을 자제할 것을 당부했다
5) 대중교통 환승 할인 제도가 도입되자 버스를 이용하는 사람들이 많아졌다
6) 공정 무역에 대한 다큐멘터리가 방송되자 착한 소비에 관심을 가지는 사람이 많아졌다

2. 2) 기온이 오르자 3) 혜택을 줄이자
   4) 와인 매출이 늘자

2-2. 윤리 경영

어휘 p. 34

1.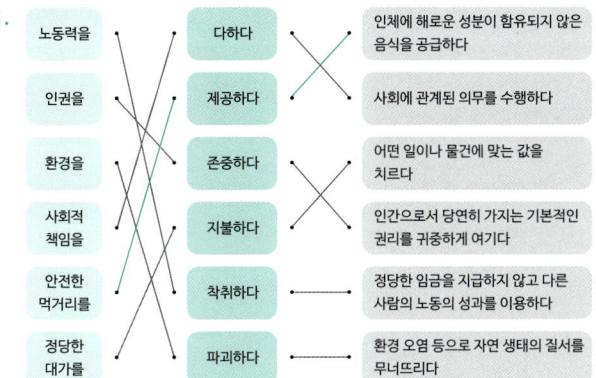

2) 환경을 파괴하는 3) 노동력을 착취하는
4) 사회적 책임을 다하는 5) 인권을 존중하는
6) 정당한 대가를 지불하는

2. 2) 이윤을 남기는 3) 매출이 신장한
   4) 협력하지 5) 소비를 유도하는
   6) 시장을 개척한

문법과 표현 ❸ 명은 물론이거니와 p. 36

1. 2) 일본어는 물론이거니와 한국어도
   3) 정부는 물론이거니와 국민도
   4) 피아노는 물론이거니와 기타도
   5) 성적은 물론이거니와 영어 실력도
   6) 소통 능력은 물론이거니와 지도력도
   7) 대중성은 물론이거니와 예술성까지

2. 2) 해양 쓰레기는 바다 생물에게 악영향을 미치는 것은 물론이거니와 인류에게도 피해를 주기 때문에 해양 쓰레기를 줄이기 위한 노력이 필요하다
   3) 자전거 타기는 근육을 강화하는 것은 물론이거니와 스트레스도 해소할 수 있기 때문에 전문가들이 추천하는 운동 중 하나이다
   4) 코즈 마케팅은 매출을 신장하는 것은 물론이거니와 사회에도 도움이 되므로 기업들이 적극 활용하고 있다

문법과 표현 ❹ 명이라면 p. 38

1. 2) 산을 좋아하는 주민이라면
   3) 성인이라면
   4) 주차라면
   5) 웹툰을 재미있게 본 사람이라면
   6) 짬뽕이라면

2. 2) 결혼을 준비하는 커플이라면
   3) 춤이라면

복습 1

어휘 p. 40

1. ① 2. ② 3. ③ 4. ② 5. ②
6. ④ 7. ④ 8. ① 9. ③ 10. ④
11. ② 12. ① 13. ③ 14. ④ 15. ③

문법과 표현 p. 44

1. ① 2. ④ 3. ② 4. ①
5. 위로한답시고
6. 붙으려니 했는데
7. 잘하는 터라

듣기 p. 46

1. ③ 2. ③ 3. ④ 4. ① 5. ④

읽기 p. 47

1. ② 2. ③ 3. ② 4. ③ 5. ③

3. 한국의 언어

3-1. 한국어의 이해

어휘 p. 56

1. 2) 띄어쓰기를 하는 3) 맞춤법이 까다로워요
   4) 발음이 어려워요 5) 활용 양상이 달라지는

2. 2) 조사 3) 부사
   4) 의성어와 의태어가 풍부하다

문법과 표현 ❶ 동-기 일쑤(이)다   p. 58

1.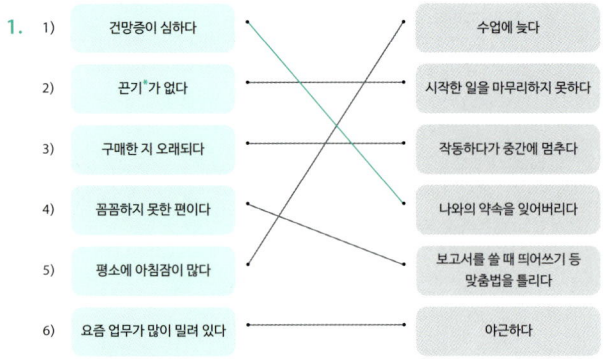

   2) 끈기가 없어서 시작한 일을 마무리하지 못하기 일쑤다
   3) 구매한 지 오래돼서 작동하다가 중간에 멈추기 일쑤다
   4) 꼼꼼하지 못한 편이어서 보고서를 쓸 때 띄어쓰기 등 맞춤법을 틀리기 일쑤다
   5) 평소에 아침잠이 많아서 수업에 늦기 일쑤다
   6) 요즘 업무가 많이 밀려 있어서 야근하기 일쑤다

2. 2) 지각하기 일쑤입니다
   3) 화를 내기 일쑤입니다

문법과 표현 ❷ 동-는다든지 동-는다든지 하다, 형-다든지 형-다든지 하다   p. 60

1. 2) 젓가락을 쓴다든지 한자를 사용한다든지 하는
   3) 따뜻한 우유를 마신다든지 휴대폰 사용을 피한다든지 하면
   4) 빨간색으로 이름을 쓴다든지 다리를 떤다든지 하는
   5) 닭 가슴살을 먹는다든지 두유를 마신다든지 하는
   6) 공부 환경을 바꾼다든지 가사가 없는 조용한 음악을 듣는다든지 하면

2. 2) 환경이 깨끗하다든지 문화 시설이 잘 갖춰져 있다든지 하는
   3) 생물의 종류가 감소한다든지 오존층이 파괴된다든지 하는
   4) 매일 운동한다든지 몸에 좋은 음식을 먹는다든지 하면
   5) QR 코드를 찍는다든지 문자를 보여 준다든지 해야

3-2. 한국의 문자

어휘   p. 62

1. 2) 모양을 본떠   3) 독창적인
   4) 원리를 적용해서   5) 우수하기

2. 2) 표의 문자   3) 공식 문자

3.

ᵃ모	가		ᶜ기			ᵉ규	
음			ⁿ나	호	칭		칙
					ᵈ다	의	성	어
ʳ상	ᵇ형	문	자				
	용			ᵈ교			
	사		ᵐ훈	민	정	음	

문법과 표현 ❸ 명으로 보다   p. 64

1. 2) 가격으로 볼 때   3) 위치로 볼 때
   4) 취업률로 볼 때   5) 분위기로 볼 때
   6) 결과적으로 볼 때

2. 2) 성능으로 보면   3) 인성으로 보면
   4) 장기적으로 보면   5) 기준으로 보면

문법과 표현 ❹ 동-자면   p. 66

1.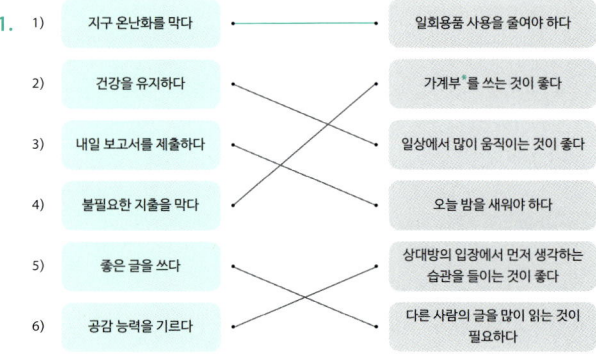

   2) 건강을 유지하자면 일상에서 많이 움직이는 것이 좋다
   3) 내일 보고서를 제출하자면 오늘 밤을 새워야 한다
   4) 불필요한 지출을 막자면 가계부를 쓰는 것이 좋다
   5) 좋은 글을 쓰자면 다른 사람의 글을 많이 읽는 것이 필요하다
   6) 공감 능력을 기르자면 상대방의 입장에서 먼저 생각하는 습관을 들이는 것이 좋다

2. 2) 예를 들자면
   3) 지금까지의 내용을 정리하자면
   4) 말씀드리자면

4. 소통과 언론

4-1. 디지털 시대의 소통

어휘 p. 70

1. 1) 양방향 소통 2) 애플리케이션을 활용해
   3) 아날로그, 디지털 4) 비언어적 요소
   5) 메시지로 소통하는

2. 2) 실시간 소통 3) 영상을 편집해서
   4) 콘텐츠를 재생산하는

3. 2) 영상 통화 3) 사회적 관계를 맺을
   4) 공감 능력이 저하될 5) 매체를 활용하여
   6) 경계를 허물게

문법과 표현 ❶ 명-을 불문하고 p. 72

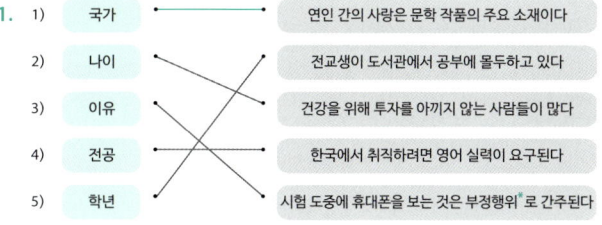

2) 나이를 불문하고 건강을 위해 투자를 아끼지 않는 사람들이 많다
3) 이유를 불문하고 시험 도중에 휴대폰을 보는 것은 부정행위로 간주된다
4) 전공을 불문하고 한국에서 취직하려면 영어 실력이 요구된다
5) 학년을 불문하고 전교생이 도서관에서 공부에 몰두하고 있다

2. 2) 경찰은 지위를 불문하고 이번 범죄 사건 관계자를 철저하게 조사하겠다고 밝혔다
   3) 한국의 MZ 세대는 남녀를 불문하고 피부 관리에 힘쓰고 있다
   4) 장르를 불문하고 리메이크가 유행하고 있다
   5) 스마트폰 사용 실태를 조사한 결과 세대를 불문하고 메신저 앱이 사용 시간 1위를 차지했다

문법과 표현 ❷ 동-는 게 고작이다 p. 74

1. 2) 전화하는 게 고작이에요
   3) 사는 게 고작일 거야
   4) 만나는 게 고작이에요
   5) 오른 게 고작이라고 합니다
   6) 이윤을 얻는 게 고작이라고 합니다

2. 2) 내는 게 고작이기 3) 만든 게 고작이다
   4) 보내는 게 고작이다

4-2. 언론의 변화

어휘 p. 76

1. 2) 수동적으로 수용했을 3) 사고 능력을 저하시켜
   4) 편향된 사고

2. 2) 편파적으로 보도했다는 3) 취향을 파악하지
   4) 메시지를 전달한다

3. 1) 정보를 수집하는 2) 뉴스를 선별하는
   3) 기사를 작성하는

문법과 표현 ❸ 동-기에는 p. 78

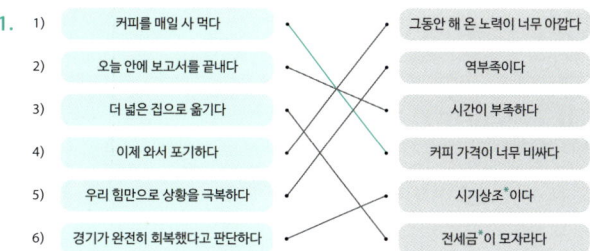

2) 오늘 안에 보고서를 끝내기에는 시간이 부족하다
3) 더 넓은 집으로 옮기기에는 전세금이 모자란다
4) 이제 와서 포기하기에는 그동안 해 온 노력이 너무 아깝다
5) 우리 힘만으로 상황을 극복하기에는 역부족이다
6) 경기가 완전히 회복했다고 판단하기에는 시기상조이다

3. 2) 경기를 뒤집기에는 3) 선수들과 겨루기에는

문법과 표현 ❹ 동-은 후에야 (비로소) p. 80

1. 2) 약을 먹은 후에야 비로소 푹 잘 수 있었다
   3) 전쟁이 끝난 후에야 비로소 고향에 돌아갈 수 있었다
   4) 그 화가는 죽은 후에야 비로소 사람들에게 천재성을 인정받았다
   5) 심각한 사건이 터진 후에야 비로소 스토킹 범죄가 언론의 주목을 받았다
   6) 지진이 발생한 지 10분이 지난 후에야 비로소 주민들에게 재난 문자가 발송되었다

2. 2) 연인이 된 후에야
   3) 이별한 후에야
   4) 시간이 지난 후에야

복습 2

어휘 p. 82

1. ② 2. ④ 3. ② 4. ① 5. ③
6. ② 7. ③ 8. ③ 9. ④ 10. ④
11. ② 12. ④ 13. ④ 14. ③ 15. ③

문법과 표현 p. 86

1. ① 2. ④ 3. ① 4. ③
5. 공기가 좋다든지 병원이 가깝다든지 하는
6. 지원한 게 고작이에요
7. 위치로 보면

듣기 p. 88

1. ④ 2. ② 3. ③ 4. ④ 5. ②

읽기 p. 89

1. ① 2. ② 3. ④ 4. ③ 5. ①

5. 예술과 삶

5-1. 우리 삶 속의 예술

어휘 p. 96

1.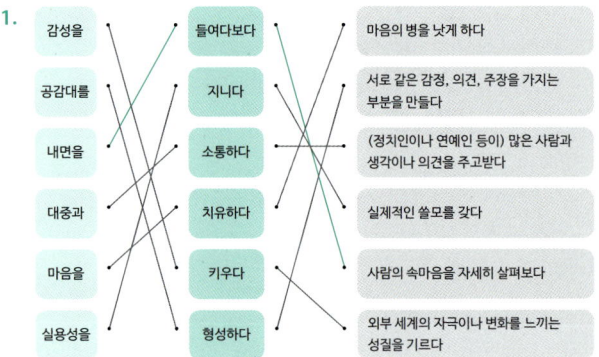

2) 실용성을 지닌
3) 마음을 치유하는
4) 감성을 키우기
5) 대중과 소통하려는, 공감대를 형성하지

2. 2) 매개체가 되어서   3) 정서적 안정을 얻게

3. 2) 시대상을 반영해서   3) 현실을 풍자한

문법과 표현 ❶ 명을 명으로 삼다 p. 98

1. 2) 손흥수 선수를 롤 모델로 삼아
   3) 그동안 다뤄지지 않은 것들을 소재로 삼아
   4) 안전한 먹거리 제공을 제1의 원칙으로 삼고
   5) 위기를 기회로 삼아

2. 2) 좌우명으로 삼아   3) 목표로 삼고
   4) 원동력으로 삼아

문법과 표현 ❷ 형-으면서(도) p. 100

1. 2) 홀가분하면서도 결과가 걱정되네
   3) 카리스마 있으면서도 부드러운
   4) 실용적이면서도 감각적인
   5) 근무 시간이 길면서도 임금은 적은

2. 2) 달콤하면서도   3) 전통적이면서도

5-2. 삶의 공간과 흔적

어휘 p. 102

1. 2) 소박한   3) 조화를 이루고
   4) 경이로웠다   5) 완벽하게

2. 1) 군더더기가 없게   2) 네모반듯하게
   3) 대칭을 이루고

3. 2) 기품이 있는   3) 강렬한 인상을 남긴다

문법과 표현 ❸ 형-기(가) 이를 데 없다 p. 104

1. 2) 안쓰럽기가 이를 데 없다
   3) 상쾌하기가 이를 데 없다
   4) 미안하기가 이를 데 없다
   5) 속상하기가 이를 데 없다
   6) 억울하기가 이를 데 없다

2. 1) 죄송스럽기 이를 데 없습니다
   2) 부끄럽기 이를 데 없습니다

문법과 표현 ❹ 동형-으리라 p. 106

1. 2) 높아지리라   3) 위축되리라
   4) 심각하리라   5) 반발하리라

2. 2) 그리워하리라　　　3) 받아 주리라
   4) 사랑하리라

6. 지역의 문화와 방언

6-1. 한국의 지역 문화

어휘　　　　　　　　　　　　　　　　p. 110

1. 2) 가치를 인정받지　　　3) 서민적인
   4) 개성이 뚜렷해서　　　5) 문화유산으로 지정됐다

2. 2) 평지　　　　　　　　3) 고원
   4) 분지　　　　　　　　5) 갯벌

3.

a 해	가 녀				
안					
지		b 벽		d 나	유
방	다 문	화	유	특 산	e 척
				물	박
	라 공	동	c 체		하
			마 험	준	하 다

문법과 표현 ❶ 동형-을지언정　　　p. 112

1. 2) 어렸을지언정　　　　3) 비난할지언정
   4) 예산을 줄일지언정　　5) 월급이 적을지언정

2. 2) 쓰러질지언정　　　　3) 능력이 뛰어날지언정

문법과 표현 ❷ 동-는지라, 형-은지라, 명인지라　p. 114

1.
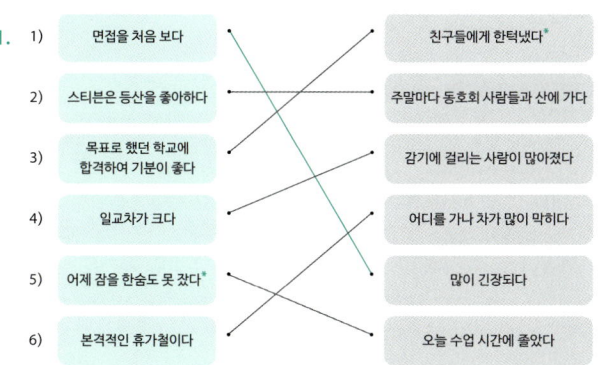

2) 스티븐은 등산을 좋아하는지라 주말마다 동호회 사람들과 산에 간다
3) 목표로 했던 학교에 합격하여 기분이 좋은지라 친구들에게 한턱 냈다
4) 일교차가 큰지라 감기에 걸리는 사람이 많아졌다
5) 어제 잠을 한숨도 못 잔지라 오늘 수업 시간에 졸았다
6) 본격적인 휴가철인지라 어디를 가나 차가 많이 막힌다

2. 2) 좋아하시는지라　　　3) 유학을 간지라
   4) 쓰는지라　　　　　　5) 없는지라
   6) 문화 차이가 큰지라

6-2. 한국어의 다양한 모습

어휘　　　　　　　　　　　　　　　　p. 116

1. 2) 독특한 어휘가 있어요　　3) 의사소통이 안 되는
   4) 장단의 구별이 없다고　　5) 성조가 있는
   6) 의식을 반영한

2. 2) 정취를 느낄　　　　　3) 정서가 담겨 있다고

문법과 표현 ❸ 동-는 까닭에, 형-은 까닭에, 명인 까닭에　p. 118

1. 2) 거짓말을 많이 한 까닭에
   3) 해수면이 상승한 까닭에
   4) 월급이 적은 까닭에
   5) 각종 스트레스에 시달리는 까닭에
   6) 장시간 잘못된 자세로 공부하는 까닭에
   7) 시험 기간인 까닭에

2. 2) 거세게 부는 까닭에
   3) 세 가지가 많은 까닭에

문법과 표현 ❹ 명에서 비롯되다　　p. 120

1. 1)
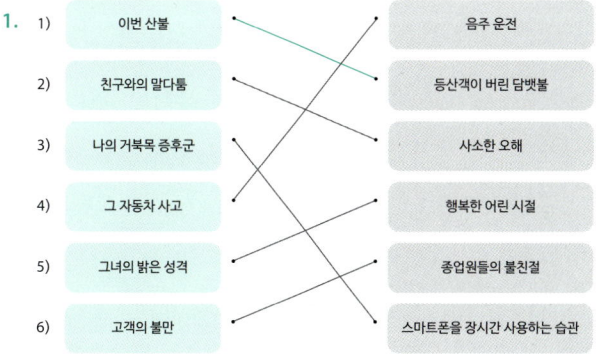

2) 친구와의 말다툼은 사소한 오해에서 비롯됐다
3) 나의 거북목 증후군은 스마트폰을 장시간 사용하는 습관에서 비롯됐다
4) 그 자동차 사고는 음주 운전에서 비롯됐다
5) 그녀의 밝은 성격은 행복한 어린 시절에서 비롯됐다
6) 고객의 불만은 종업원들의 불친절에서 비롯됐다

2. 2) 입소문에서 비롯됐다
3) 자발적인 참여에서 비롯됐다는

복습 3

어휘 p. 122
1. ② 2. ① 3. ③ 4. ② 5. ②
6. ① 7. ① 8. ③ 9. ② 10. ④
11. ① 12. ① 13. ④ 14. ④ 15. ②

문법과 표현 p. 126
1. ④ 2. ③ 3. ① 4. ④
5. 마음에서 비롯된
6. 만날 수 있으리라
7. 낮으면서도

듣기 p. 128
1. ③ 2. ④ 3. ① 4. ① 5. ③

읽기 p. 129
1. ② 2. ③ 3. ① 4. ③ 5. ②

7. 심리학의 이해

7-1. 마음의 이해

어휘 p. 136

1.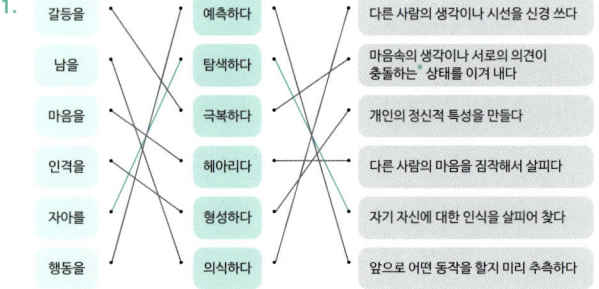

2) 행동을 예측하는 3) 마음을 헤아리는
4) 인격을 형성하는 5) 갈등을 극복하는
6) 남을 의식하는

2. 2) 충동구매했어 3) 억제하다가는
4) 핑곗거리를 만들어서 5) 탓으로 돌리는
6) 반발심이 생길

문법과 표현 ❶ 명은 고사하고 p. 138

1. 2) 사과는 고사하고 3) 여행은 고사하고
4) 선물은 고사하고 5) 해결은 고사하고
6) 메달은 고사하고

2. 2) 방문은 고사하고
3) 명절 음식 준비는 고사하고

문법과 표현 ❷ 동-으려다가도 p. 140

1. 2) 여행을 가려다가도 3) 퇴사하려다가도
4) 참으려다가도 5) 포기하려다가도
6) 줄이려다가도

2. 2) 공부하려다가도 3) 구입하려다가도
4) 뽑으려다가도 5) 내려다가도

7-2. 집단 속의 자아

어휘 p. 142

1. 2) 배척하는 3) 분위기에 휩쓸려
4) 착각에 빠지지

2. 2) 가설을 세웠다 3) 실험을 설계했다
4) 실험을 진행한 5) 결론을 도출했다

3. 2) 혼동할 3) 동조하지
4) 무임승차하는 5) 책임을 미루는
6) 배척당할

문법과 표현 ❸ 동형-을지라도, 명일지라도 p. 144

1. 2) 힘들지라도 3) 일이 많을지라도
4) 사소한 일일지라도 5) 안 갚을지라도
6) 바쁠지라도

2. 2) 유행이 지났을지라도 3) 최고급 제품이 아닐지라도
4) 가격이 비쌀지라도

문법과 표현 ❹ 동-느냐에 달려 있다, 형-으냐에 달려 있다, 명에 달려 있다   p. 146

1. 2) 열정과 끈기에 달려 있다고
   3) 재료의 신선도에 달려 있어요
   4) 시간 배분에 달려 있어
   5) 홍보 방법에 달려 있습니다
   6) 팀원 여러분에게 달려 있습니다

2. 2) 형성하느냐에 달려 있다   3) 만드느냐에 달려 있다
   4) 높으냐에 달려 있다   5) 쏟느냐에 달려 있다
   6) 보이느냐에 달려 있다

8. 한국의 경제 성장과 민주화

8-1. 한강의 기적

어휘   p. 150

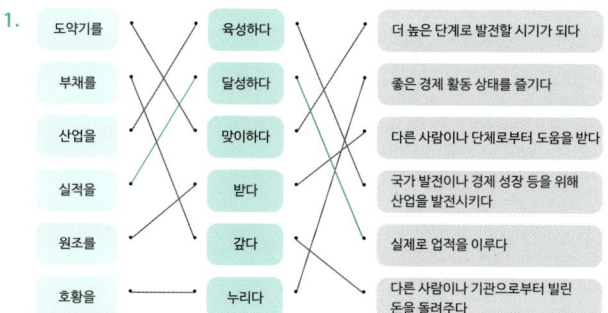

2) 산업을 육성하기   3) 부채를 갚느라
4) 호황을 누리고   5) 원조를 받았다
6) 도약기를 맞이했다

2. 2) 경기 회복에 대한 시민들의 기대감이 높아지고 있다
   3) 서비스 산업의 매출이 급감했다
   4) 첨단 산업 분야의 인력난이 심각하여 기술 인재를 키워야 한다는 의견이 나오고 있다

3. 2) 수출 품목   3) 적자를 기록했다
   4) 무역 수지

문법과 표현 ❶ 동-는 통에, 명 통에   p. 152

1. 2) 전화가 계속 오는 통에   3) 따라오는 통에
   4) 난동을 피우는 통에   5) 찍어 대는 통에
   6) 반대하는 통에

2. 2) 장마 통에   3) 전쟁 통에
   4) 소란 통에

문법과 표현 ❷ 동형-을망정   p. 154

1. 2) 규모는 작을망정
   3) 혜택을 늘리지는 못할망정
   4) 장려하지는 못할망정
   5) 사과하지는 못할망정

2. 2) 꼴찌를 할망정   3) 있을망정
   4) 밤을 새울망정

8-2. 한국의 민주화 과정

어휘   p. 156

1. 2) 언론을 통제해서   3) 시위를 벌였다
   4) 자유를 누릴   5) 인권을 탄압한

2. 2) 투표함을 바꿔치기하는 등 부정 선거를 저질렀다
   3) 헌법을 개정해서 장기 집권을 위한 기반을 마련했다
   4) 평화적으로 정권을 교체할 수 있는 길을 열었다는 평가를 받고 있다

3. 2) 대통령을 선출한다   3) 단임제
   4) 국무총리를 임명하는

문법과 표현 ❸ 동-는 한편   p. 158

1. 2) 낮에는 공부하는 한편 밤에는 아르바이트로 생계를 유지하는
   3) 대출 가능 도서 수를 늘리는 한편 운영 시간을 한 시간 연장하기로
   4) 지하에 자동차 도로를 건설하는 한편 지상에는 공원을 만들어
   5) 전쟁 통에 파괴된 시설을 복구하는 한편 경공업을 육성하는
   6) 할인 행사를 진행하는 한편 고객들에게 사은품을 증정하고

2. 2) 읽는 한편   3) 바꿔 보는 한편

문법과 표현 ❹ 동-는 한이 있어도   p. 160

1. 2) 물러나는 한이 있어도
   3) 돈을 잃는 한이 있어도
   4) 고생하는 한이 있어도
   5) 이윤이 줄어드는 한이 있어도

2. 2) 잠을 못 자는 한이 있어도
   3) 돌아오는 한이 있어도
   4) 굶어 죽는 한이 있어도
   5) 잃는 한이 있어도

복습 4

어휘 — p. 162

1. ① 2. ④ 3. ① 4. ② 5. ①
6. ④ 7. ③ 8. ④ 9. ③ 10. ①
11. ② 12. ② 13. ③ 14. ④ 15. ②

문법과 표현 — p. 166

1. ① 2. ④ 3. ③ 4. ④
5. 한국어를 듣느냐에 달려 있어
6. 감수할망정/보는 한이 있어도
7. 향상하는 한편

듣기 — p. 168

1. ② 2. ④ 3. ① 4. ② 5. ④

읽기 — p. 169

1. ③ 2. ① 3. ④ 4. ② 5. ④

| 부록 Appendix |

어휘		고려대한국어대사전
		국립국어원 표준국어대사전 (https://stdict.korean.go.kr/main/main.do)
		우리말샘 (https://opendict.korean.go.kr/main)
		한국어기초사전 (https://krdict.korean.go.kr/kor/mainAction)

사진	97쪽	이문열, 『우리들의 일그러진 영웅』, 다림, 1998.
	107쪽	류시화, 『지금 알고 있는 걸 그때도 알았더라면』, 열림원, 2014.
	132쪽	서울역사박물관 온라인전시관, "개관 20주년 특별전 '명품도시 한양'", 제작 ㈜큐빅판. (https://museum.seoul.go.kr/CHM_HOME/jsp/MM03/vr/treasures_of_hanyang/index.html)

복습 1	46쪽	김병수, 「친구를 위로하는 방법, 위로의 3가지 원칙」, 『정신의학신문』, 2018. 5. 13. (http://www.psychiatricnews.net/news/articleView.html?idxno=9111)
		김동호, 「공정무역의 한계와 그 원인에 대한 연구」, 『무역상무연구』 73권, 2017, pp. 91-110.
		「윤리적 소비, 공정무역의 득과 실」, 『전북일보』, 2017. 11. 10. (https://www.jjan.kr/article/20171109625087)
	47쪽	신지영, 『지금 당장 ESG』, 천그루숲, 2022.
		유창조, 『소비자가 주도하는 ESG 모델』, 서울경제경영, 2021.

복습 2	88쪽	서울시립청소년미디어센터, 「2021 청소년 미디어 수요 조사 결과 분석 보고서」, 2022.
	89쪽	고창수, 「정보화시대 앞서가는 한글의 과학성」, 『과학동아』 2000년 10호, 2000.
	90쪽	교육TV, "정보화 시대! 미디어 리터러시가 왜 필요할까? [교육부 국민 서포터즈]" (유튜브 영상), 2020. 5. 20. (https://youtu.be/Gi03F6crb8Q?si=Gp71R5aye0Stc972)

복습 3	128쪽	김덕호, 「한국어 지역 방언 조사 결과의 활용 방안에 대하여」, 『새국어생활』 26권 1호, 2016, pp. 36-63.
		박남화, 「끊이지 않는 논란, 공공미술 프로젝트의 민낯」, 『월간중앙』, 2021. 6. 17. (http://jmagazine.joins.com/monthly/view/334218#self)
		이보현, 「그림 그리고 색칠하면 불안 증상 해소된다」, 『코메디닷컴』, 2021. 2. 8. (https://kormedi.com/1333149/)
		양지원, 『처음 시작하는 미술치료』, 소울메이트, 2016.
	129쪽	변지철, 「[제주 돌문화] ① 돌 틈에서 나고 자라 돌 틈으로 돌아가다」, 『연합뉴스』, 2017. 5. 28. (https://www.yna.co.kr/view/AKR20170526140300056)
		김태언, 「한국판 '비밀의 정원' 구례 쌍산재에 빠지다」, 『동아일보』, 2021. 3. 8. (https://www.donga.com/news/article/all/20210308/105764005/1)

복습 4	168쪽	「아이에게 칭찬할 때도 요령있다」, 『SBS 뉴스』, 2007. 3. 12. (https://news.sbs.co.kr/news/endPage.do?news_id=N1000230053&plink=OLDURL&plink=COPYPASTE&cooper=SBSNEWSEND&plink=COPYPASTE&cooper=SBSNEWSEND)

집필진 Authors

장소원 / Chang Sowon
- 서울대학교 국어국문학과 교수
  Seoul National University Professor at the Department of Korean Language & Literature
- 파리 5대학교 언어학 박사
  Ph.D. in Linguistics, University of Paris 5

이소영 / Lee So Young
- 서울대학교 언어교육원 대우교수
  Seoul National University LEI Professor
- 이화여자대학교 교육공학 박사
  Ph.D. in Educational Technology, Ewha Womans University

김풀잎 / Kim Pool Lib
- 서울대학교 언어교육원 대우전임강사
  Seoul National University LEI Full-time Instructor
- 서울대학교 교육학(한국어교육) 박사
  Ph.D. in Korean Language Education as a Foreign Language, Seoul National University

이영환 / Lee Young Hwan
- 서울대학교 언어교육원 대우전임강사
  Seoul National University LEI Full-time Instructor
- 서울대학교 국어국문학 박사 수료
  Ph.D. Candidate in Korean Language & Literature, Seoul National University

번역 Translator

이수잔소명 / Lee Susan Somyung
- 통번역가
  Translator & Interpreter
- 서울대학교 한국어교육학 석사
  M.A. in Korean Language Education as a Foreign Language, Seoul National University

감수 Editor

안경화 / Ahn Kyunghwa
- 전 서울대학교 언어교육원 대우교수
  Former Seoul National University LEI Professor

도와주신 분들 Contributing Staff

- 디자인 Design (주)이츠북스 ITSBOOKS
- 삽화 Illustration (주)예성크리에이티브 YESUNG Creative
- 녹음 Recording 미디어리더 Media Leader

서울대 한국어⁺
Workbook 6A

초판 1쇄 발행 2023년 12월 30일
초판 2쇄 발행 2024년 6월 30일

지은이	서울대학교 언어교육원
펴낸곳	서울대학교출판문화원
주소	08826 서울 관악구 관악로 1
도서주문	02-889-4424, 02-880-7995
홈페이지	www.snupress.com
페이스북	@snupress1947
인스타그램	@snupress
이메일	snubook@snu.ac.kr
출판등록	제15-3호

ISBN 978-89-521-3234-5 04710
     978-89-521-3116-4 (세트)

ⓒ 서울대학교 언어교육원 · 2023

이 책과 음원은 저작권법에 의해서 보호를 받는 저작물이므로
무단 전재와 복제를 금합니다.

Written by Language Education Institute, Seoul National University
Published by Seoul National University Press

Copyright ⓒ 2023 by Language Education Institute, Seoul National University

All rights reserved. No part of this publication may be reproduced in any form
without the written permission from publisher.